Ulrich Kaiser

Der vierstimmige Satz

Kantionalsatz und Choralsatz

Bärenreiter
Studienbücher
Musik

Herausgegeben von
Silke Leopold
und
Jutta Schmoll-Barthel

Band 12

Lernprogramme

Herausgegeben von
Ulrich Kaiser

Ulrich Kaiser

Der vierstimmige Satz

Kantionalsatz und Choralsatz

Ein Lernprogramm mit CD-ROM

Bärenreiter
Kassel · Basel · London · New York · Prag

Meiner lieben Frau Regina
und ihrer großen Toleranz gegenüber meiner Arbeit

Die Deutsche Bibliothek – CIP-Einheitsaufnahme
Ein Titeldatensatz für diese Publikation
ist bei Der Deutschen Bibliothek erhältlich.

Besuchen Sie uns im Internet:
www.baerenreiter.com

© 2002 Bärenreiter-Verlag Karl Vötterle GmbH & Co. KG, Kassel
Umschlaggestaltung: Jörg Richter, Bad Emstal-Sand
Innengestaltung und Satz: Dorothea Willerding
Notensatz: Wiener Notensatz, Wien
© capella 2002: Hartmut Ring; Herausgeber:
whc Musiksoftware GmbH, Söhrewald
Druck und Bindung: Clausen & Bosse, Leck
ISBN 3-7618-1478-X

Inhalt

Zur Konzeption der »Lernprogramme mit CD-ROM« 7

Einleitung 10

1. Auf den ersten Blick: Satztypen
    Der Choralsatz bei Johann Sebastian Bach 17
    Der Kantionalsatz bei Heinrich Schütz 19

2. Erste Arbeitsschritte zur Stilkopie
    Das »innere« Hören 22
    Die Vorgehensweise beim Kantionalsatz 26
    Das Ende am Anfang: Zeilenschlüsse 29

3. Die halbe Miete: Kadenzen
    Tenor- und Sopranklauseln 32
    Die Bassstimme in der Kadenz 36
    Die vierstimmige Kadenz 39
    Die Altklausel 42
    Tenor-, Sopran- und Altklausel im Kantionalsatz 47
    Die Bassklausel am Choralzeilenende 50
    Die Bassklausel im Kantionalsatz 52
    Weitere Kadenzen ohne Synkopendissonanz 53
    Kadenzen ohne Synkopendissonanzen im Kantionalsatz 57
    Ein Sonderfall: Mi-Kadenzen 59

4. Die Anordnung der Kadenzen
    Kadenzen im Generalbasschoral und Choralsatz 64
    Modulationen im Choralsatz 71
    Kadenzen im Kantionalsatz 73

5. Der Außenstimmensatz
    Terzen und Sexten 75
    Quinten und Oktaven 82
    Dissonanzregeln 89
    Kantionalsätze klingen anders 92

6. Der Mittelstimmensatz
    Im Choralsatz 102
    Im Kantionalsatz 108

7. Rhythmus und Diminution 115

8. Außergewöhnliche Wendungen
    Diminutionen 126
    Trugschlüsse 127
    Verminderte Septakkorde 128
    Übermäßige Dreiklänge 132
    Stimmenabstände 134
    Archaische Kadenzen 135
    Für Spezialisten 138

9. Text und Musik
    Grundfragen 139
    Die »Fehler« des Meisters 141

10. Coda 150

11. Kurzfassung des Lehrgangs 155

Anhang
    Lerntafel in C-Dur 161
    Lösungen 164
    Fachbegriffe 167
    Synopse der Choralausgaben 172
    Literatur 181

*»Man sieht die Höhe, die der Künstler
erreicht hat, nicht lebhafter, als wenn man versucht,
ihm einige Stufen nachzuklettern.«*

Johann Wolfgang von Goethe

Zur Konzeption der »Lernprogramme mit CD-ROM«

»Der vierstimmige Satz« eröffnet innerhalb der »Bärenreiter Studienbücher Musik« eine Folge musiktheoretischer Lehrbücher: die »Lernprogramme mit CD-ROM«. Diese wenden sich in erster Linie an Schülerinnen und Schüler an Gymnasien mit Leistungsfach Musik, Absolventen der studienvorbereitenden Abteilung an Musikschulen, Studierende der Hochschulstudiengänge Diplom-Musikpädagogik, Lehramt, Kirchenmusik, Chor- und Orchesterleitung, Musiktheorie und Gehörbildung. Gleichzeitig und selbstverständlich aber auch an die Lehrenden dieser Studienfachrichtungen.

Die neuartige Konzeption dieser Satzlehre- und Analyse-Bücher versucht auf verschiedene pädagogische Probleme, wie sie sich bei der Vermittlung komplexer Sachverhalte stellen, eine Antwort zu geben.

1. Der *Computer* spielt im traditionellen Musikunterricht bislang nur eine untergeordnete Rolle. Dabei bietet der gezielte Einsatz neuer Medien auch für das Fach Musiktheorie beträchtliche Chancen. Die Integration des Computers in die neuen »Lernprogramme« ermöglicht ein Selbststudium ganz neuer Art, das Ausdrucken von Arbeitsbögen, das Überprüfen einzelner Arbeitsschritte sowie das Anhören aller Beispiele und Aufgaben. Gleichzeitig besteht für Lehrende die Möglichkeit, mit wenigen Handgriffen individuelle Arbeitsbögen zu entwerfen und für die eigene Unterrichtsgestaltung einzusetzen.

2. In musiktheoretischen Publikationen wird der *Aspekt des Hörens* nicht immer ausreichend berücksichtigt. Dabei ist eine sensible auditive Wahrnehmung notwendige Voraussetzung für jede sinnvolle musiktheoretische Beschäftigung, die ihrerseits wiederum eine Differenzierung der Wahrnehmung bewirken kann. Deswegen wird der Aspekt des Hörens und die Verbesserung der inneren Hörfähigkeit in diesem Lehrgang durch vielfältige Arbeitsmöglichkeiten und praxisbezogene Aufgabenstellungen in besonderem Maße berücksichtigt.

3. Es ist eine bedauernswerte Tatsache, dass die heutige Instrumental- und Gesangsausbildung oftmals einseitig ist und ein Auseinanderklaffen zwischen *instrumental-vokalen und kognitiven Fertigkeiten* zu verantworten hat. Im Gegensatz zur sowohl praktischen als auch theoretischen Ausbildung von Musikern noch im 18. und 19. Jahrhundert scheinen heute der Wille oder auch die Fähigkeit zu fehlen, im Instrumentalunterricht die wichtigsten musiktheoretischen Kenntnisse zu vermitteln. Die Lernprogramme möchten als praxisbezogene musiktheoretische Lehrbücher einen Beitrag dazu leisten, diesem Missverhältnis zu begegnen.

4. Dabei legen die »Lernprogramme« besonderen Wert auf die *Ausgewogenheit von notwendiger didaktischer Reduktion* des Stoffes und *inhaltlicher Sorgfalt*. Denn ein erfolgreiches Lernen wird bedroht durch zwei Tendenzen musikpädagogischer Publikationen: In der einen bilden wissenschaftliche Genauigkeit und didaktische Lieblosigkeit ein unheilvolles Ensemble, in der anderen wird umgekehrt einer didaktischen Zugänglichkeit zuliebe der wissenschaftliche Forschungsstand bis zur Unkenntlichkeit deformiert bzw. banalisiert. In Bezug auf diese Problematik einen guten Kompromiss zu finden, ist vorrangiges Ziel der »Lernprogramme«.

5. Die »Lernprogramme mit CD-ROM« zielen auf *thematische Vielfalt* und werden einen großen Bereich historischer sowie zeitgenössischer Musik berücksichtigen, wobei die Themen sowohl nach gattungsspezifischen wie auch systematischen Gesichtspunkten gewählt sind (z. B. Modulation, Pop-Musik / Arrangement, Satztechniken des 20. Jahrhunderts, Sonate usw.).

6. Eine zentrale Aufgabe der neuen musiktheoretischen Lehrbücher ist es, handwerkliche Fähigkeiten sowie analytische Kompetenz zu fördern und mit einer angemessenen *sprachlichen Darstellung* zu verbinden. Dass die Sprache sich dabei eines heutigen Vokabulars bedient, ist selbstverständlich, ebenso jedoch, den Gewinn nicht leichtfertig zu verschenken, den insbesondere

die musikhistorische Forschung des letzten Jahrhunderts erbracht hat. Denn es ist »ein Gebot der ›Hermeneutik‹, d. h. der Lehre von der Interpretation, daß sich der Interpret zunächst in Sprache und Welt seines Textes fügsam und folgsam einzuleben hat, daß er dem interpretierten Autor nicht verfrüht ins Wort fällt, sondern mit ihm zu denken und das von ihm gesagte so genau und behutsam wie möglich nachzureden versucht [...]. Sodann jedoch hat er, wenn er wirklich verstehen und nicht ein historisches Drama aufführen will, in seiner eigenen Sprache zu interpretieren. Freilich wiederum nicht in seiner unkritisierten Bildungssprache und auch nicht allein in seiner Umgangssprache, sondern in einer vernünftig normierten Terminologie, die den Gegenständen angemessen ist, über die der interpretierte Autor und der heutige Interpret gemeinsam reden als Partner eines gegenwärtigen Gesprächs, das die Vergangenheit des interpretierten Textes aufhebt« (Wilhelm Kamlah und Paul Lorenzen: Logische Propädeutik. Vorschule des vernünftigen Redens, Mannheim 1967, S. 178f.).

Auf den Bereich der Musik übertragen, ergibt sich für das Wort »Text« eine doppelte Bedeutung: Zunächst kann »Text« im Sinne überlieferter Theorie bzw. als Zeugnis einer historischen Denkform verstanden werden, aber auch die Musik selbst ist ein »Text« im Sinne eines erklingenden Notentextes. Einer Musik zuhören können, sich darum bemühen, ihre Sprache genau und behutsam nachzureden anstatt ihr verfrüht ins Wort zu fallen: das sind Fähigkeiten, die in einer Zeit rasanter technischer Entwicklungen, schnelllebiger Bedürfnisbefriedigung sowie hektischer Betriebsamkeit nicht mehr selbstverständlich sind. In diesem Sinne wird mit den »Lernprogrammen« auch der Versuch unternommen, die Fähigkeit zu fördern, historischer und zeitgenössischer Musik zuzuhören.

München 2002   Ulrich Kaiser

Einleitung

Was ist ein »vierstimmiger Satz«?

»Schreiben Sie einen fehlerfreien vierstimmigen Satz!« Haben Sie bei dieser Arbeitsanweisung eine konkrete Vorstellung davon, was Sie tun sollen? Wenn nicht, wäre das nicht verwunderlich, denn genau genommen ist der Begriff »vierstimmiger Satz« so unpräzise, dass jeder musikalische Satz bzw. jede Komposition mit vier unterschiedlichen Stimmen so bezeichnet werden könnte. Erst an Differenzierungen wie »Streichquartettsatz«, »motettischer Satz« usw. wird deutlich, dass unter einem vierstimmigen Satz in der Regel etwas Spezielles verstanden wird: eine homophone Komposition für Sopran, Alt, Tenor und Bass mit einer Liedmelodie in der Oberstimme.

Die Aufgabe, einen fehlerfreien vierstimmigen Satz zu schreiben, bleibt jedoch weiterhin mehrdeutig, denn es gibt Kompositionen von Johann Walter (1496–1570), Johann Sebastian Bach (1685–1750), Felix Mendelssohn Bartholdy (1809–1847), Hugo Distler (1908–1942) und vielen anderen, die den eben genannten Kriterien entsprechen. Was aber ist angesichts dieser großen historischen Bandbreite unter »fehlerfrei« zu verstehen? Eine Quintparallele beispielsweise, die für den Personalstil von Hugo Distler nicht ungewöhnlich ist, muss im Hinblick auf einen Bach'schen Satz als eine nur unter ganz bestimmten Umständen akzeptable Ausnahme angesehen werden, und ein Dominantseptakkord, der zur Musiksprache Mendelssohns gehört, wäre in einem Satz von Johann Walter eine Sensation. Die Bestimmung von »richtig« oder »falsch« (oder besser: »überzeugend« oder »unangemessen«) ist im musiktheoretischen Bereich nur im Hinblick auf eine gelungene Abstimmung aller Momente des Tonsatzes und in Bezug auf einen bestimmten historischen musikalischen Stil sinnvoll.

Mit Hilfe dieses »Lernprogramms mit CD-ROM« können Sie sich mit vierstimmigen Sätzen von zwei Komponisten – Johann Sebastian Bach und Heinrich Schütz – eingehender beschäftigen. Stilkopien nach diesen Vorbildern sind in der musikalischen Ausbildung weit verbreitet und werden vielerorts in musiktheoretischen Eignungs-, Zwischen- oder Abschlussprüfungen an Musikhochschulen und Konservatorien gefordert.

Was ist ein »Kantionalsatz«?

Der Begriff »Kantionalsatz« wird für Bearbeitungen geistlicher Choralmelodien verwendet, wie sie früher in so genannten Kantionalien bzw. Gesangbüchern abgedruckt worden sind (z. B. Andreas Raselius, Cantionale, Regensburg 1588). Ein Kantionalsatz ist eine einfache vierstimmige, homorhythmische Komposition, bei der die Choralmelodie nicht mehr im Tenor, sondern im Sopran (der früher als Diskant bezeichnet wurde) erklingt. Das wiederum sollte es der Gemeinde im Gottesdienst ermöglichen, die vom Chor vorgetragenen Kirchenlieder mitzusingen. Lucas Osiander schreibt hierzu 1586: »Ich weiß wol, daß die Componisten sonsten gewöhnlich den Choral im Tenor führen. Wenn man dies aber tut, so ist der Choral unter anderen Stimmen unkenntlich. Dann der gmein Mann verstehet nicht, was er für ein Psalm ist: und kann nicht mitsingen. Darumb hab ich den Choral in den Discant genommen, damit er ja kenntlich, und ein jeder Leye mit singen könne« (Fünfftzig Geistliche Lieder vnd Psalmen, Nürnberg 1586). In der Folgezeit wurden zahlreiche Sammlungen nach dem Vorbild Osianders mit Sätzen von teils unbekannteren, zum Teil aber auch von berühmten Komponisten veröffentlicht (Seth Calvisius, 1597; Hans Leo Hassler, 1608; Michael Praetorius, 1609/1610; Johann Hermann Schein, 1627; Heinrich Schütz, 1628; Vopelius, 1682 u. v. a.).

Was ist ein »Choralsatz«?

Selbst die einfachen vierstimmigen Choralbearbeitungen Bachs unterscheiden sich grundlegend, z. B. in rhythmisch-metrischer Hinsicht oder in Bezug auf den Außenstimmensatz, von den Kantionalsätzen des frühen 17. Jahrhunderts. Deshalb werden im folgenden Lehrgang die vierstimmigen Choralbearbeitungen Bachs als »Choralsätze« bezeichnet und den vierstimmigen »Kantionalsätzen« von Heinrich Schütz vergleichend gegenübergestellt, obwohl Traditionslinien von Kantionalsätzen zu den Kompositionen Bachs manchmal deutlich erkennbar sind. Als Bindeglied zwischen Choralsatz und Kantionalsatz kann der so genannte »Generalbasschoral« angesehen werden. Er verdankt seinen Namen der Generalbasspraxis und ist dadurch charakterisiert, dass er in den Gesangbüchern nur als zweistimmiger Außenstimmensatz mit Melodie- und Bassstimme notiert wurde (z. B. schon bei Johann Crüger, 1640).

Was können Sie von diesem Buch erwarten?

Nach einem sorgfältigen Studium dieses Lernprogramms mit Buch und CD werden Sie in der Lage sein, vierstimmige Sätze im Stil von Bach und Schütz zu schreiben. Einige Sätze werden dabei wahrscheinlich etwas mehr, andere etwas weniger nach den genannten Vorbildern klingen. Entscheidend aber ist, dass Sie durch Ihre Schreibversuche Ihr Hören geschult und ein tieferes Verständnis für die jeweilige Klangsprache erlangt haben. Goethe hat dies einmal wunderschön in Bezug auf die Malerei formuliert: »Man sieht die Höhe, die der Künstler erreicht hat, nicht lebhafter, als wenn man versucht, ihm einige Stufen nachzuklettern.«

In diesem Lehrgang finden sich Arbeitsanweisungen, die sich auf herkömmliche Weise lösen lassen (z. B. mit dem Lösungsanhang), sowie zahlreiche Aufgaben, zu denen auf der CD-ROM ein Arbeitsbogen angelegt wurde (erkennbar an dem CD-Symbol). Werden die im Buch abgedruckten Beispiele bzw. die Aufgaben nicht am Instrument gespielt, können Sie sich die Dateien über das Programm »capella« auch jederzeit anhören.

Die am vierstimmigen Satz konkret erlernten Wendungen sind gleichzeitig allgemeine Modelle für die Analyse. Hierzu wurden zahlreiche Perspektiv-Aufgaben in den Lehrgang integriert, die Querverbindungen zu anderen Gattungen (z. B. zur Motette, Sonate etc.) herstellen und das Verständnis auch für Kompositionen anderer Zeiten erleichtern.

Um den jeweiligen Lernstoff besser im Gedächtnis behalten zu können, sind nach jedem Kapitel die Ergebnisse stichpunktartig zusammengefasst.

Eine Wiederholung der Arbeitsschritte und zahlreiche Rückverweise ermöglichen in der »Kurzfassung des Lehrgangs« einen Schnelleinstieg für Fortgeschrittene mit speziellen Fragestellungen.

Das Lernprogramm schließt mit einer »Lerntafel in C-Dur«, die ein gezieltes Erinnern der wichtigsten satztechnischen Wendungen ermöglicht.

Im Anhang befinden sich ein Glossar mit Erläuterungen zu den Fachtermini und die Lösungen, auf die im Text verwiesen wurde.

Zum Inhalt der CD-ROM

Ein wesentlicher Bestandteil des Lehrgangs ist der gezielte Einsatz des Computers. Auf der CD-ROM befinden sich die 371 Choralsätze von Johann Sebastian Bach (Sammlung Carl Philipp Emanuel Bach), 150 Psalmvertonungen von Heinrich Schütz (Becker'scher Psalter, 1628) und einige ausgewählte Kantionalsätze von Hans Leo Hassler. Der Notentext und die Nummerierung der Dateien sind identisch mit der Bach-Gesamtausgabe (Johann Sebastian Bach, Neue Ausgabe sämtlicher Werke, Serie III: Motetten, Choräle, Lieder, Band 2, 2. Teil, Sammlung C. Ph. E. Bach, hrsg. von Frieder Rempp, Kassel 1996), der Schütz-Gesamtausgabe (Neue Ausgabe sämtlicher Werke von Heinrich Schütz, Band 40: Der Beckersche Psalter – Erstfassung 1628, hrsg. von Werner Breig, Kassel 1988) sowie im Falle Hasslers mit der Bärenreiter-Ausgabe (BA 129).

Die Zahlen in der Randspalte neben den Notenbeispielen im Lehrgang verweisen auf die Dateien der CD-ROM, deren Zählung den Nummern in den Gesamtausgaben-Bänden entspricht (z. B. 68 = Datei 068 und Choral Nr. 68 im 2. Teil des 2. Bandes der Serie III der Neuen Bach-Ausgabe; oder Psalm 24 = Datei Psalm 024 und Kantionalsatz Nr. 24 in Band 40 der Schütz-Gesamtausgabe).

Auf der CD-ROM existiert zu jedem Kapitel ein Ordner, in dem die Dateien zu den Arbeitsaufgaben abgelegt wurden (die Datei der Aufgabe 3 des 3. Kapitels »Der Außenstimmensatz« ist im gleichnamigen Ordner unter A 03 abgelegt).

Mit Hilfe der gedruckten Synopse der Choralausgaben am Ende des Buches (auch auf der CD-ROM als rtf-Datei zur elektronischen Recherche) ist auch dann eine schnelle Orientierung möglich, wenn zum Thema Choralsatz im Unterricht verschiedene Notenausgaben verwendet werden sollten (z. B. neben der Gesamtausgabe im Bärenreiter-Verlag die bei Breitkopf & Härtel erschienene Richter-Ausgabe).

Die Präsentation auf der CD-ROM

Die Präsentation ist nicht selbststartend.
– Doppelklicken Sie das Symbol »Arbeitsplatz« auf Ihrem Rechner.
– Doppelklicken Sie den Laufwerkbuchstaben Ihres CD-ROM-Laufwerks.
– Doppelklicken Sie die Datei »Start.exe«.

Nach einer kurzen Zeit (die Dauer richtet sich nach der Geschwindigkeit Ihres Rechners) sehen Sie einen Bildschirm, auf dem Ihnen durch Anklicken der folgenden Schaltflächen ausführliche Informationen geboten werden:

- Zur Arbeit mit diesem Buch
- Zum Inhalt der CD-ROM
- Die wichtigsten Funktionen von »capella 2002«
- Die Bärenreiter-Studienbuchreihe
- Lernprogramme
- »capella« installieren
- Ulrich Kaiser

Die Präsentation wurde mit dem Programm »Mediator 6 Pro« der Firma »MatchWare« erstellt und auf zahlreichen Computern getestet. Das Starten der Präsentation kopiert Ihnen keine Dateien auf die Festplatte (es sei denn, Sie wählen eine Installation z. B. der »DirextX«-Treiber von Microsoft oder der Demo-Version des Programms »capella« aus dem Hause whc Musiksoftware GmbH. Wenn ein entsprechendes Dialogfeld Sie dazu auffordert, ist die Installation der originalen Microsoft-Treiber der Version 7.0 sehr zu empfehlen; durch diese Treiber wird die Grafik beschleunigt und die Präsentation ist unter Umständen auch auf älteren oder instabilen Systemen lauffähig.).

Leider können wir wegen der Vielzahl von Einstellungen und Unwägbarkeiten z. B. alter oder instabil laufender Rechner keine Garantie für die Lauffähigkeit der Präsentation übernehmen und auch nicht ausschließen, dass in seltenen Fällen Probleme auftreten können.

Sollten Sie Besitzer eines »eigenwilligen« Rechners sein, der sich hartnäckig weigert, die Präsentation zu starten, können Sie das Notenschreibprogramm »capella« auch direkt installieren. Doppelklicken Sie hierzu die Start.exe-Datei des Programms, die sich in dem Ordner capella_2002 im DATA-Verzeichnis auf der CD-ROM befindet.

Mindestanforderungen zur Benutzung von »capella«: Windows 95/98/ME (Windows NT bzw. 2000 nur mit Einschränkungen), Explorer ab Version 3.02 für das Hilfesystem sowie einen beliebigen, von Windows unterstützten grafikfähigen Drucker.

Weitere Informationen entnehmen Sie bitte der web-site des Herstellers (www. whc.de).

Zur Arbeit mit der CD-ROM

Auf der CD-ROM befinden sich über 900 Dateien zum Studium bzw. zum Ausdrucken als Arbeitsbogen, die Sie mit Hilfe der Demoversion von »capella« nutzen können. Lehrenden ist es möglich, mit wenigen Arbeitsschritten für die auf der CD-ROM befindlichen Choräle und Psalmen individuelle Arbeitsbögen zu entwerfen, zu drucken und für den Unterricht zu kopieren.

Gehen Sie bei der Arbeit mit diesem Buch und der CD-ROM wie folgt vor:
– Studieren Sie die jeweilige Arbeitsaufgabe im Buch oder auf der CD-ROM.
– Drucken Sie sich den auf der CD gespeicherten Arbeitsbogen aus (bitte wegen des verborgenen Notentextes den Arbeitsbogen nicht am Computer bearbeiten!).
– Lösen Sie den Arbeitsbogen auf herkömmliche Weise (mit Bleistift und Radiergummi).
– Markieren Sie in »capella« durch gleichzeitiges Drücken der Tasten »strg« und »a« (strg+a) den gesamten Notentext und klicken Sie zweimal auf das Symbol »durchgestrichenes Auge«: Der verborgene Notentext wird sichtbar.
– Drucken Sie sich anschließend diesen Lösungsbogen aus und vergleichen Sie ihn mit Ihrem schriftlich ausgearbeiteten Ergebnis. Auf diese Weise haben Sie die Möglichkeit zur Selbstkorrektur.

Danksagung

Zum Gelingen dieses Buches haben viele Menschen beigetragen: Vielen, vielen Dank allen Studierenden in München, die den Lehrgang bereitwillig getestet und konstruktiv kritisiert haben. Ihren zahlreichen guten Anregungen verdankt diese Anleitung ihre jetzige Form.

Ein ganz besonders herzliches Dankeschön geht auch an Hartmut Ring. Seine Erlaubnis, eine druckfähige Demoversion des Notenschreibprogramms »capella 2002« (das durch ein außergewöhnlich gutes Preis-Leistungs-Verhältnis besticht) auf der CD-ROM beigeben zu dürfen, hat die neuartige Konzeption dieses Lehrgangs erst ermöglicht. Auch Hans-Ulrich Werner sei an dieser Stelle für seine Vermittlung gedankt.

Des weiteren hat sich mein Freund und Kollege Stefan Rohringer um dieses Buch außerordentlich verdient gemacht. Sein mehrmaliges Lesen des Manuskripts und viele Verbesserungsvorschläge waren mir eine große Hilfe. Mein

Freund Andreas Lisius hat das Manuskript ebenfalls in verschiedenen Stadien gelesen und einen großen Beitrag zu seiner Verbesserung geleistet.

Herzlichen Dank an meinen ehemaligen Berliner Lehrer Hartmut Fladt und an Michael Polth sowie Andreas Schuch und Harald Feller in München, die den Text in einem vorläufigen Bearbeitungsstadium gelesen haben. Viele detaillierte Änderungsvorschläge habe ich gerne berücksichtigt. Auch Hervé Lacleau, der das Manuskript gelesen und den Kontakt zu Studierenden aus Detmold hergestellt hat, gilt mein Dank. Gerade die studentische Kritik aus einer anderen Ausbildungsstätte und »Schule« war für mich besonders hilfreich.

Gerne erinnere ich mich an den Unterricht von Heinrich Poos in meiner Berliner Studienzeit, der im Hinblick auf das Thema Choralsatz für mich immer außerordentlich inspirierend war.

Des weiteren möchte ich mich an dieser Stelle bei Robert M. Helmschrott für die Unterstützung meiner Arbeit an der Hochschule für Musik und Theater in München bedanken. Unerwähnt bleiben sollen auch nicht die vielen Gespräche zu Fragen der allgemeinen Pädagogik mit meinem Freund und Kollegen Hans-Ulrich Schäfer-Lembeck. Auch diese Gespräche waren nicht ohne Auswirkung auf die Konzeption der Lernprogramme.

Was wäre ein Buch ohne die zahlreichen guten Geister im Verlag? Jutta Schmoll-Barthel gilt wieder einmal mein ganz besonderes Dankeschön für die hervorragende inhaltliche wie formale Betreuung des ganzen Projekts. Mein herzlicher Dank gebührt auch Diana Rothaug für die redaktionelle Mitarbeit, Dorothea Willerding für das Layout, Ingeborg Robert für das Korrekturlesen, Herbert Rainer für den kompetenten Notensatz und die Erfüllung von Korrekturwünschen auch noch in letzter Minute sowie Gabriele Weiland für die umsichtige herstellerische Betreuung.

Nicht zuletzt möchte ich in dieser Aufzählung meine Frau Regina erwähnen, die mich in jeder Hinsicht unterstützt und es Ihnen dadurch ermöglicht hat, dass Sie dieses Buch nun in Händen halten.

Schließlich möchte ich bereits jetzt im Voraus allen Leserinnen und Lesern Dank sagen, die mir helfen wollen, diesen Lehrgang zu verbessern und eventuelle Fehler aufzuspüren. Bitte senden Sie gegebenenfalls eine kurze e-Mail an die folgende Adresse: kaiser.ulrich@web.de.

1. Auf den ersten Blick: Satztypen

Der Choralsatz bei Johann Sebastian Bach

Wenn Sie sich die → Choralsätze anschauen, die von Johann Sebastian Bach
bzw. unter seinem Namen überliefert worden sind, und dabei bewusst auf
den Rhythmus und die Notenwerte achten, werden Ihnen sehr schnell unterschiedliche Satzbilder auffallen. Eine Unterscheidung nach vier Satztypen
bietet sich an:

1. Typ

Äußerst sparsame Achtelbewegung bzw. Homorhythmik, wie z. B. im Choral
»Du Friedefürst, Herr Jesu Christ«:

42

Im Extremfall ist in diesem Satztyp die rhythmische Bewegung aller Stimmen völlig identisch. Ein solches absolutes rhythmisches Gleichmaß, das Sie
in den Choralsätzen nur in einzelnen → Choralzeilen antreffen werden, kann
dagegen in den Kantionalsätzen von Heinrich Schütz durchaus einen ganzen
Satz charakterisieren, z. B. den 119. Psalm »Wohl denen, die da leben«:

2. Typ

Durchgehende Achtelpassagen in der Bassstimme bei überwiegender Viertelbewegung in den Oberstimmen, z. B. in dem Choral »Straf mich nicht in
deinem Zorn«:

38

3. Typ

Häufige Achtelbewegungen in Alt, Tenor und Bass. Vereinzelt können sogar
kleine Sechzehntelgruppen wie in der Kadenz des nachfolgenden Beispiels
»Jesu, der du meine Seele« auftreten:

37

4. Typ

Eingeschobene polyphone Partien, homophone Abschnitte in großen Notenwerten und/oder Taktwechsel, wie z. B. in dem Choral »Christus, der ist
mein Leben« (315), in dem das Wort »Sterben« durch polyphone Stimmen-
einsätze, Synkopendissonanzen, den verminderten Septakkord und die auffälligen bedeutungsvollen Generalpausen veranschaulicht wird:

315

ben

Hören Sie sich die oben abgebildeten Beispiele auf der beigefügten CD mit Hilfe der Datei zur Aufgabe an und achten Sie auf die besprochenen Besonderheiten.

Aufgabe
1

Untersuchen Sie die Choräle 204, 261 und 44 und geben Sie für jede Choralzeile an, durch welches der vier Satzbilder sie charakterisiert wird (→ Lösungen). Das Ende der Choralzeilen können Sie an den Fermaten erkennen.

Aufgabe
2

Der Choral »Herzliebster Jesu, was hast du verbrochen« ist in allen Zeilen sehr einheitlich gestaltet. Bestimmen Sie allein über das Hören, durch welchen Satztyp dieser Choral charakterisiert wird. Überprüfen Sie Ihr Hörergebnis, indem Sie den Notentext des Chorals 111 einsehen und ihn in Bezug auf das Satzbild analysieren.

Aufgabe
3

Der Kantionalsatz bei Heinrich Schütz

Wenn Sie sich nun die Kantionalsätze aus der Erstfassung des Becker'schen Psalters (1628) von Heinrich Schütz anschauen, werden Sie nur die Satztypen 1 und 4 wiedererkennen können, d. h. entweder Sätze, die in allen Stimmen einen weitgehend identischen rhythmischen Verlauf aufweisen, oder solche mit Taktwechsel oder → melismatisch ausgestalteten Partien.

Der Satztyp 1 kann dabei in größeren Notenwerten (überwiegend »weiß«, d. h. mit ganzen und halben Noten) notiert werden, wie z. B. in dem Psalm »Ach wie groß ist der Feinde Rott«:

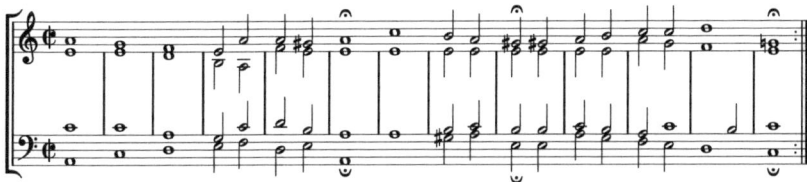

Psalm 3

oder in kleineren Notenwerten (also mit halben und Viertelnoten), wie in
dem nachfolgenden Beispiel »Wer nicht sitzt im gottlosen Rat« zu sehen ist:

Psalm 1

Melismatische Ausgestaltungen wie am Schluss des Psalms »Wer wird, Herr,
in der Hütten dein« (Psalm 15) sind am häufigsten im Bereich der Kadenzen
und in der letzten Choralzeile anzutreffen:

Psalm 15

da Got-tes Furcht findt ih - - - - - - ren Lohn.

Relativ selten finden sich dagegen melismatische Partien in den mittleren
Choralzeilen. Und eine absolute Ausnahme ist im Kantionalsatz eine Bassführung in → diminuierten Notenwerten wie im Psalm »Singet dem Herrn
ein neues Lied« (98), die im Zusammenhang mit den Choralsätzen Bachs als
2. Satztyp bezeichnet worden ist:

Psalm 98

Hören Sie sich die vorangegangenen Beispiele zum Kantionalsatz mit Hilfe der Datei zur Aufgabe an und lesen Sie dabei den Notentext mit.

Aufgabe 4

Hören Sie sich den Psalm 117 »Lobt Gott mit Schall« von Heinrich Schütz an und benennen Sie die Besonderheit dieses Kantionalsatzes (→ Lösungen).

Aufgabe 5

Zusammenfassung

Choralsätze können in vier verschiedene Satztypen eingeteilt werden:
1. weitgehende Homorhythmik,
2. durchgehende Bassachtelbewegung,
3. gleichmäßige Verzierungen in allen Stimmen und
4. Sonderformen.

2. Erste Arbeitsschritte zur Stilkopie

Wenn Sie eine Choralsatz-Stilkopie erstellen möchten, sollten Sie sich immer bewusst machen, warum Sie schreiben: Geht es Ihnen um die satztechnische Übung bzw. um ein Verständnis für Satztechnik im Allgemeinen oder um die Kunstfertigkeit der Choralsätze Bachs im Besonderen? Oder wollen Sie einen Chorsatz für die Praxis, z. B. für Ihren Gemeindechor, schreiben? Vielleicht möchten Sie aber auch Ihre Fähigkeiten in der »Prima vista«-Choralbegleitung oder Ihr Hörvermögen verbessern.

Sich über die eigene Absicht im Klaren zu sein, ist insofern von Bedeutung, als ein Choralsatz des 3. Typs mit kunstvollen Durchgängen und Ornamentierungen z. B. ein anderes Aufführungstempo erfordert als ein schlichter Satz des 1. Typs, der flüssiger gesungen werden kann und sich deshalb vielleicht für den liturgischen Gebrauch besser eignet. Auch Ad-hoc-Harmonisierungen stellen andere Ansprüche als kunstvolle schriftliche Ausarbeitungen mit ausreichend Zeit zum »Tüfteln«.

In der folgenden Arbeitsanleitung werden Choralsatz und Kantionalsatz in getrennten Kapiteln behandelt.

Das »innere« Hören

Bevor Sie die Arbeit an einer mehrstimmigen Choralsatzbearbeitung beginnen, ist es sehr wichtig, sich eine genaue Klangvorstellung von der Choralmelodie zu erarbeiten. Bestimmen Sie hierzu zuerst Tonart (Dur, Moll, → Dorisch, → Phrygisch etc.) und Taktart und singen Sie die Choralmelodie. Beschreiben Sie anschließend den Melodieverlauf sowie den Charakter des Chorals. Erfordert er ein flüssiges Tempo? Merkmale hierfür könnten z. B. das Tongeschlecht (Dur) sein, viele Sprünge bzw. Dreiklangsmelodik oder eine triplierte Taktart wie der $^3/_2$- oder der $^3/_4$-Takt. Oder empfinden Sie eher ein langsames bzw.

getragenes Tempo als angemessen, z. B. wegen des Tongeschlechts (Moll oder Phrygisch), einer geraden Taktart, einigen ausdrucksvollen Melodiesprüngen oder einer Kombination dieser Faktoren?

Machen Sie sich auch bewusst, welche Harmonien Sie bei charakteristischen Melodiewendungen oder Zeilenschlüssen innerlich hören. Wie sich das »innere Ohr« befragen lässt, können Sie anhand der folgenden Aufgaben üben:

9

Kommentar: Der Choral 9 »Ermuntre dich, mein schwacher Geist« steht in G-Dur und einer geraden Taktart ($^4/_4$). Der Ambitus der Choralmelodie umfasst eine Oktave ($g'-g''$) und kann als → authentisch bezeichnet werden. Als Melodieintervalle überwiegen Sekundschritte; Intervallsprünge treten nur vereinzelt auf (1. und 4. Zeile: der durch das Achtel cis'' aufgefüllte Terzsprung $h'-d''$ sowie der durch das Achtel d'' verbundene Terzsprung $c''-e''$; 5. Zeile: der expressive Sextsprung $g''-h'$ abwärts; letzte Zeile: der durch die Verzierungsachtel entstehende Terzsprung $c''-a'$ sowie die Sprünge beim ersten und letzten Zeilenübergang). Choralzeilenschlüsse kommen auf dem 1., 5., 2. und 6. Ton der Tonart G-Dur vor. Die Form ist choraltypisch und wird als → Barform (AA | B) bzw. wegen des Aufgreifens der Takte 3–4 am Schluss auch als → Reprisenbarform bezeichnet.
Literatur: Bernhard Meier: Alte Tonarten, dargestellt an der Instrumentalmusik des 16. und 17. Jahrhunderts, Bärenreiter Studienbücher Musik 3, Kassel ³2000, S. 20–37; Ulrich Kaiser: Gehörbildung, Bd. 1, Bärenreiter Studienbücher Musik 10, Kassel ²1999, S. 48–69.

Singen Sie die oben abgebildete Choralmelodie ein- oder zweimal als Ganze durch (in einer Prüfung können Sie sie fast unhörbar, gleichsam innerlich, pfeifen). Im Anschluss an Ihre Arbeit können Sie sich diese Aufgabe wie auch die folgenden mit den zugehörigen Dateien anhören und Ihre Ergebnisse überprüfen.

Aufgabe
1

Zum Aushören der Zeilenschlüsse empfiehlt es sich, bei einem erneuten Durchsingen jeweils an den Zeilenenden Dreiklänge auf- oder abwärts zu improvisieren, z. B. an der 1. Choralzeile des Chorals »Ermuntre dich, mein schwacher Geist«:

Aufgabe
2

9

Von diesen drei prinzipiell möglichen Harmonien (denn ein Schlusston kann theoretisch immer Grund-, Terz- oder Quintton eines Dreiklangs sein) klingt hier nur das D-Dur am Zeilenende wirklich »passend«, obgleich auch ein trugschlüssiger h-Moll-Schluss denkbar wäre (zur Kadenzdisposition finden Sie mehr auf S. 64). Der G-Dur-Schluss wird auf Sie in diesem Kontext höchstwahrscheinlich befremdlich wirken (z. B. wegen der übermäßigen Quarte *g'–cis''*).

Es wäre nicht leicht und würde den Rahmen dieser kleinen Anleitung sprengen, wenn wir hier versuchen würden, systematisch zu erklären, warum wir in der Musik etwas als »passend« empfinden oder nicht. Nur so viel sei an dieser Stelle gesagt: Jeder Mensch in unserem Kulturkreis weiß, unbewusst oder bewusst, wie dur-moll-tonale Musik klingt, sei es durch das eigene Instrumentalspiel, sei es nur durch das Anhören von Musik (Klassik, Pop usw.). Aus diesem Grund ist es akzeptabel, sich an dieser Stelle auf die eigenen Vorerfahrungen zu verlassen und diese Kenntnis erst im Laufe der Arbeit immer weiter bewusst zu machen und zu differenzieren.

Machen Sie sich diese Vorgehensweise zum Aushören von Choralzeilenschlüssen zur Angewohnheit. Manchmal werden Sie dabei nur eine, manchmal mehrere Harmonisierungsmöglichkeiten als angemessen empfinden. Keinesfalls sollten Sie jedoch die Kadenzdisposition ohne Ihr »inneres Ohr« vornehmen, denn Ihr Hörvermögen ist ein wertvolles Instrument bei der Entscheidung zwischen »richtig« und »falsch« in der Musik.

Aufgabe 3 Bestimmen Sie auf diese Art und Weise auch die Schlussakkorde der Choralzeilen 2–6 und überprüfen Sie Ihre Ergebnisse anhand der Datei zur Aufgabe.

Erarbeiten Sie sich in dieser Art auch die folgenden Choräle:

»Du, o schönes Weltgebäude«

Aufgabe
4
137

»Machs mit mir Gott, nach deiner Güt«

Aufgabe
5
309

»Was Gott tut, das ist wohlgetan«

Aufgabe
6
64

»Als Jesus Christus in der Nacht«

Aufgabe
7
180

»Was mein Gott will, das gscheh allzeit«

Aufgabe
8
115

Die Vorgehensweise beim Kantionalsatz

Haben Sie eine Melodie aus einem Kantionale vor sich, können Sie prinzipiell auf die gleiche Weise wie bei den Choralmelodien vorgehen (also: zuerst eine Klangvorstellung von der Melodie entwickeln, Harmonien der Zeilenschlüsse aushören etc.). Einige grundlegende Fragen lassen sich für den Kantionalsatz jedoch nicht so einfach beantworten wie beim Choralsatz:

1. Takt

Kantionalmelodien wurden in ihrer Entstehungszeit ohne Taktstriche im heutigen Sinn gedruckt (und werden auch heute oftmals noch in dieser Form notiert). Für das Erstellen einer Stilkopie wird Ihnen dieser Umstand keine Probleme bereiten, da Sie sich für einen Satz des 1. Typs in der Regel mit allen Stimmen an den Werten der vorgegebenen Melodie orientieren können. Musikalisch ist jedoch interessant, dass die sprachorientierten Rhythmen im Kantionalsatz bei entsprechender Aufführung wie ein ständiger Wechsel von geraden und ungeraden Metren wirken und auch in diesem Sinne notiert werden könnten:

Da sich in der ersten Hälfte des 17. Jahrhunderts Bindebögen noch nicht allgemein durchgesetzt hatten, ist es heute üblich, neben den Taktzeichen (die allerdings noch eine etwas andere Bedeutung hatten als unsere heutigen) nur Striche zur Orientierung (Mensurstriche) zwischen den Systemen anzugeben:

2. Tonart (Modus)

Die Tonartbestimmung einer Kantionalmelodie ist schon deshalb nicht ganz einfach, weil die Termini Dur und Moll in unserem heutigen Sinne noch nicht existierten und man auch nicht genau weiß, welche Bedeutung das

Denken in »alten Tonarten« bzw. Modi für Komponisten im Falle mehrstimmiger Musik überhaupt hatte. Zur Tonartbestimmung gab es im 17. Jahrhundert verschiedene Systeme, z. B. das System der acht Modi daneben ein System aus zwölf Oktavskalen (Glarean, Zarlino) und ein so genanntes »drittes« Tonartensystem. Da eingehendere Ausführungen zu den Tonarten des 16. Jahrhunderts den Umfang dieser kleinen Anleitung sprengen würden, müssen wir uns an dieser Stelle auf Elementares beschränken: Legen Sie, soweit es Ihnen möglich ist, den Grundton (Finalis) fest und versuchen Sie anhand der folgenden Tabelle eine Tonartbestimmung vorzunehmen:

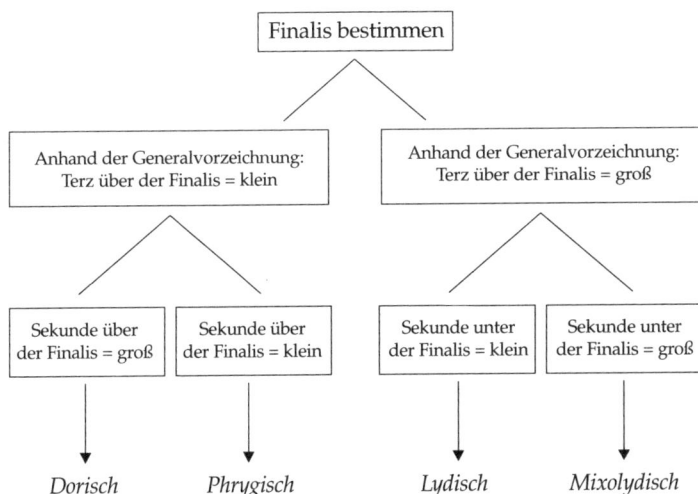

Beispiel 1

Psalm 57

Kantionalsatz mit Finalis *g* und ♭-Vorzeichnung
→ linker Ast (obwohl der Psalm mit einem G-Dur-Klang endet, denn die mit der Generalvorzeichnung gebildete Terz über der Finalis *g* ist klein)
→ die Sekunde über *g* ist groß
→ linker Ast
→ Dorisch auf *g*.

Beispiel 2

31

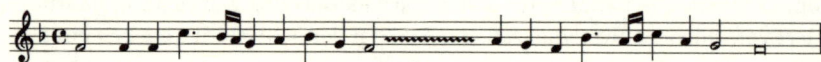

Kantionalsatz auf *f* mit ♭-Vorzeichnung, die mit der Generalvorzeichnung gebildete Terz über der Finalis ist also groß
→ rechter Ast
→ die Sekunde unter *f* ist klein
→ linker Ast
→ Lydisch auf *f*.

♭-Vorzeichnung für lydische Kompositionen (bzw. für Werke im 5. und 6. → Ton) wurde schon im 15. Jahrhundert gefordert. Geht man von der Glarean'schen Erweiterung auf 12 Modi (plus → Äolisch und Ionisch) aus, könnte es sich bei dem 2. Beispiel auch um ein transponiertes Ionisch handeln.

Eine zentrale Position zum Thema »Alte Tonarten« ist von Bernhard Meier erarbeitet worden (Die Tonarten der klassischen Vokalpolyphonie, Utrecht 1974) und kann in einfacher und knapper Form am besten nachgelesen werden in: Bernhard Meier: Alte Tonarten, dargestellt an der Instrumentalmusik des 16. und 17. Jahrhunderts, Bärenreiter Studienbücher Musik 3, Kassel ³2000.
Eine Gegenposition hierzu hat Carl Dahlhaus vertreten und in seinen »Untersuchungen über die Entstehung der harmonischen Tonalität« (Kassel 1967) publiziert.
Einen Abriss über die drei Tonartensysteme finden Sie in dem Buch von Elmar Seidel über »Johann Sebastian Bachs Choralbearbeitungen in ihren Beziehungen zum Kantionalsatz« (Mainz 1998).
Sehr zu empfehlen ist auch der Artikel »Modus« in der 2. Auflage von »Die Musik in Geschichte und Gegenwart« (MGG, Sachteil, Bd. 6, Kassel ²1997, Sp. 421–431).
Und denen, die Zeit und Geduld haben, einen englischsprachigen Text zu lesen, sei das Stichwort »Mode« im »New Grove« empfohlen.

Aufgaben
9–12

Hören Sie nun die Zeilenenden der folgenden Kantionalsätze, wie im vorangegangenen Kapitel zum Choralsatz beschrieben, aus und überprüfen Sie Ihre Ergebnisse mit Hilfe der Datei zu der jeweiligen Aufgabe.

Aufgabe
9

Psalm 19

Aufgabe
10

Psalm 7

Aufgabe
11

Psalm 119

Aufgabe
12

Psalm 40

Das Ende am Anfang: Zeilenschlüsse

Ein wenig Systematik: Zeilenenden in Choral- und Kantionalsätzen können mit Sekund-, Terz-, Quart-, Quintschritten (abwärts oder aufwärts) oder einer Tonwiederholung schließen:

Zeilenschlussintervall	im Choralsatz J. S. Bachs	im Kantionalsatz Heinrich Schützens
Tonwiederholung	65	9
Sekunde abwärts	1405	406
Sekunde aufwärts	566	151
Terz abwärts	180	34
Terz aufwärts	–	–
Quarte abwärts	19	–
Quarte aufwärts	1	1
Quinte abwärts	28	9
Quinte aufwärts	1	–

Aus dieser kleinen Statistik können Sie ersehen, dass die Sekundbewegungen abwärts am weitaus häufigsten vorkommen (Verhältnis klein/groß ca. 1:3) und am zweithäufigsten die Sekundbewegungen aufwärts anzutreffen sind (Verhältnis klein/groß ca. 3:1). Terzen abwärts findet man dagegen seltener, während die größeren Sprünge zu den Raritäten gezählt werden müssen. Die Vorgehensweise in den nächsten Kapiteln, in denen Sie das Schreiben mehrstimmiger Kadenzen üben können, ist an diesen statistischen Befunden orientiert worden und daran, ob der Kadenz eine zweistimmig dissonierende Synkope zugrunde liegt oder nicht. Die Kapitel beginnen also mit der häufigsten Kadenz (Sekunde abwärts mit Synkopendissonanz).

Im vorangegangenen Kapitel haben Sie bereits das »Aushören« von Zeilenschlüssen geübt, d. h. mit Hilfe des »inneren« Hörens festzulegen gelernt, ob Sie einen Schlusston als Grund-, Terz- oder Quintton des Schlussakkordes wahrnehmen. Damit ergeben sich für jeden Schlusston prinzipiell drei Harmonisierungsmöglichkeiten.

Aufgaben 13–14

In diesen Dateien finden Sie mehrstimmige Zeilenschlüsse mit einer Sekundbewegung abwärts. Ergänzen Sie die fehlenden Schlussakkorde, indem Sie »innerlich« hörend festlegen, ob der Schlusston der Melodie Grund-, Terz- oder Quintton der Schlussharmonie ist. Überprüfen Sie Ihr Ergebnis durch Sichtbarmachen des verborgenen Notentextes.

Aufgaben 15–16

Gehen Sie wie in den Aufgaben 13–14 vor, nur sind hier in den Dateien Zeilenschlüsse mit einer Sekundbewegung aufwärts zu hören.

Zusammenfassung

Erste Schritte zur Stilkopie:
1. Analyse der Choralmelodie,
2. Klangvorstellung der Choralmelodie erarbeiten,
3. Aushören der Zeilenschlüsse.

3. Die halbe Miete: Kadenzen

Mit dem Wort »Kadenz« verbinden sich im Allgemeinen relativ feste Vorstellungen. Wahrscheinlich werden auch Sie in erster Linie an eine Akkordfolge bzw. an die drei Grundfunktionen Tonika, Dominante und Subdominante denken. Leider ist diese ausschließlich harmonisch-funktionale Interpretation für die Praxis nicht immer hilfreich, denn erst in Verbindung mit einer ganz spezifischen Stimmführung werden die Kadenzen, die Sie schreiben, auch wirklich nach einem Choralsatz von Bach klingen.

Spielen Sie, bevor Sie weitere Erklärungen lesen, die folgenden vierstimmigen Kadenzen am Klavier, bis Sie sie auswendig können. Versuchen Sie anschließend, diese Schlusswendungen transponiert, d. h. in einer anderen Tonart, wiederzugeben.

Aufgabe
1

1. Beispiel: aus 106 »Jesu Leiden, Pein und Tod« (BWV 245/28; R 193)
2. Beispiel: aus 126 »Durch Adams Fall« (BWV 18/5; R 73)
3. Beispiel: aus »Wo Gott der Herr«, Kantate Nr. 178 (BWV 178/7)
4. Beispiel: aus 117 »O Welt, ich muß dich lassen« (BWV 244/10; R 294), original in *As*

Tenor- und Sopranklauseln

Choralzeilen enden häufig mit einer der folgenden Melodieformeln. Ein abwärts führender, abschließender Sekundschritt wird dabei (auch wenn er in der Oberstimme liegt) als → Tenorklausel bezeichnet:

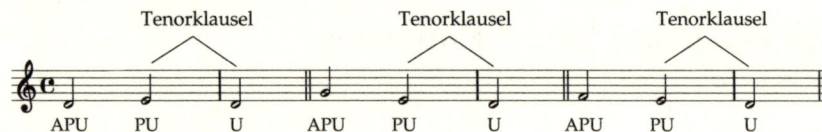

Die letzten drei Töne eines Choralschlusses wurden außerdem mit einem eigenen Namen bezeichnet:

→ Antepenultima (APU) = drittletzter Ton
→ Penultima (PU) = vorletzter Ton
→ Ultima (U) = Schlusston

Wenn Sie in einem Choralsatz diese letzten drei Stationen bestimmen wollen, dürfen Sie sich in der Praxis nicht dadurch verwirren lassen, dass Antepenultima- bzw. Penultimatöne im Choral zumeist als Tonwiederholung (1. Beispiel) oder mit Verzierungen, wie z. B. einer → Wechselnote (2. Beispiel) oder einer → Antizipation (3. Beispiel), ausgestaltet werden:

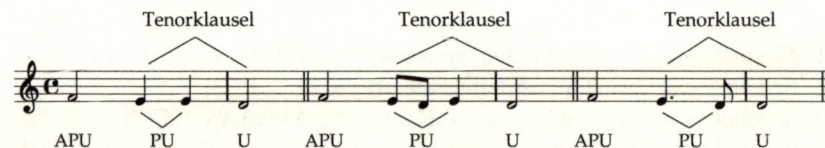

Aufgabe
2

Bestimmen Sie in dem Choral 201 »O Mensch bewein dein Sünde groß«, welche Zeilen mit einer Tenorklausel enden, und kennzeichnen Sie die jeweils letzten drei Stationen der Klausel (Antepenultima, Penultima und Ultima) mit den entsprechenden Kürzeln:

201

Zu einem mehrstimmigen, vollgültigen Schluss gehört neben einer Tenorklausel auch eine synkopierte → Sopranklausel. Ihre APU-Station wird aus

Gründen der Textunterlegung im Choralsatz zumeist mit unterteiltem Noten-
wert (ohne Bindebogen) notiert:

Kennzeichnen Sie in den Chorälen 153 »Alle Menschen müssen sterben« und
212 »Herr, ich denk an jene Zeit« bei allen Sopran- und Tenorklauseln die
Stationen Antepenultima, Penultima und Ultima mit den entsprechenden
Kürzeln (z. B. wie in der 2. Choralzeilenkadenz). Achten Sie darauf, dass im
ersten Choral am 1., 3. und 4. Zeilenende aus Textgründen auch die Ultima-
note unterteilt worden ist. Überprüfen Sie Ihr Ergebnis abschließend anhand
der Datei zur Aufgabe:

Aufgabe
3

153

212

In rhythmisch-metrischer Hinsicht können Sie in der Sopranklausel eine
→ Synkope erkennen, wodurch im Zusammenklingen mit der Tenorklausel
eine Sekunddissonanz entsteht. Das folgende Beispiel zeigt die Sekunddissonanz beim Eintritt der PU-Note der Tenorklausel, → vorbereitet durch eine
Terz (*d–f*) und regulär → aufgelöst in die Terz *cis–e*:

In der Regel enden alle gewichtigen Zeilenschlüsse mit einer solchen Synkopendissonanz, da diese wegen ihrer charakteristischen Abfolge von Spannung
(Dissonanz) und anschließender Entspannung (Konsonanz) als Signal für
musikalisches Schließen empfunden worden ist.

Tritt als Zeilenschluss in der Melodie eine Sopranklausel auf, müssen Sie das
Modell durch die passende Tenorklausel komplettieren. Dadurch, dass die
Tenorklausel nun unter der Sopranklausel erklingt (Stimmtausch), wird aus
dem 3-2-3-Synkopenmodell eine 6-7-6-Synkope:

Aufgabe 4 🎵
Schulen Sie Ihr Gehör, indem Sie die vorangegangenen Notenbeispiele zur
Tenor- und Sopranklausel sowie zur zweistimmigen Kadenz am Klavier spie-
len bzw. sich die Datei zur Aufgabe mehrfach anhören. Versuchen Sie die
Wendungen anschließend in verschiedenen Tonarten wiederzugeben.

Aufgabe 5 🎵
Transponieren Sie die Tenor- und Sopranklausel sowie die zweistimmige 2-3-2-
und 6-7-6-Synkopendissonanz, sodass diese auf dem Finalton C enden (ohne
Vorzeichen). Hören Sie sich anschließend die Datei zur Aufgabe an und korrigieren Sie gegebenenfalls Ihre Ergebnisse.

Ist durch die Generalvorzeichnung in der Kadenz noch kein Halbtonschritt
bzw. → Leitton enthalten, müssen Sie ihn durch ein Vorzeichen herbeiführen,
z. B. in der Sopranklausel auf *d* (wie oben abgebildet) durch die Erhöhung
von *c* zu *cis* (eine Ausnahme bildet die so genannte phrygische oder auch
Mi-Kadenz, vgl. S. 59).

Für das Schreiben eigener Sätze empfiehlt es sich, zunächst an den Choralzeilenenden mit Tenorklauseln die entsprechenden Sopranklauseln bzw. an
den Choralzeilenenden mit Sopranklauseln die fehlenden Tenorklauseln zu
ergänzen.

Aufgaben 6–7
Fügen Sie die fehlenden Sopran- bzw. Tenorklauseln bzw. zweistimmigen
Kadenzen in die Choräle 180 »Als Jesus Christus in der Nacht« und 115 »Was
mein Gott will, das gscheh allzeit« ein.

Wenn Sie am 1., 2., 3., 4. und 6. Zeilenende des Beispielchorals »Ermuntre dich, mein schwacher Geist« (9) das zweistimmige Synkopenmodell bzw. die jeweils fehlende Tenor- bzw. Sopranklausel ergänzen, werden Sie zu folgendem Ergebnis kommen:

Aufgabe
8

9

Kommentar:
1. Dass die zu ergänzende Stimme immer in den Alt und nicht in den Tenor gelegt wird, hängt von der Lage ab (*e'–a'*), die für einen Alt besonders günstig ist (vgl. S. 104).
2. Da der vorletzte Zeilenschluss weder mit einer Tenor- noch mit einer Sopranklausel endet, werden wir diese Kadenz vorerst übergehen.

Bestimmen Sie in den vierstimmigen Eingangsbeispielen (S. 31), die Sie auswendig gelernt haben, jeweils die Tenor- und Sopranklauseln. Können Sie alle Erklärungen zu den zweistimmigen Kadenzen auch an diesen vierstimmigen Beispielen nachvollziehen? Worin unterscheiden sich die »Tenorklauseln« der dritten und vierten Kadenz von der ersten und zweiten? (→ Lösungen, siehe auch S. 59.)

Aufgabe
1

Vervollständigen Sie in den Chorälen 75 »Das walt mein Gott« (Aufgabe 9) und 64 »Was Gott tut das ist wohlgetan« (Aufgabe 10) die Ihnen bekannten Choralzeilenenden zu zweistimmigen Synkopenkadenzen, und überprüfen Sie Ihre Ergebnisse anhand der Dateien für Aufgabe 15 und Aufgabe 16.

Aufgaben
9–10

Auch in kontrapunktischen Kompositionen (Bicinien, Tricinien, Motetten usw.) des 15. und 16. Jahrhunderts spielen Kadenzen, denen Tenor- und Sopranklauseln zugrunde liegen, eine bedeutende Rolle. In der Formenlehre werden solche Kompositionen zu den → Reihenformen (oder auch Reihungsformen)

Perspektiv-
Aufgaben
1–3

gezählt, weil hier durch Kadenzen beendete musikalische Abschnitte »aneinander gereiht« werden. Ergänzen Sie in den Bicinien von Orlando di Lasso und Jacobus Vaet die Ihnen bekannten zweistimmigen Schlusswendungen.

Perspektiv-Aufgabe 4
Zweistimmige, aus Tenor- und Sopranklausel bestehende Kadenzen können Sie auch als Sequenz spielen. Üben Sie das Spielen der sekundweise aufwärts und abwärts führenden Sequenzen von den weißen Tasten beginnend:

Warum werden die Tenorklauseln zur Ultima nicht wie gewohnt sekundweise abwärts, sondern aufwärts geführt? Die Antwort finden Sie in der Datei zur Perspektiv-Aufgabe 4.

Perspektiv-Aufgabe 5
Spielen Sie die zweistimmigen Kadenzen auch aufwärts und abwärts in Terzsequenzen:

Die Bassstimme in der Kadenz

Wenn Sie zu den zweistimmigen Kadenzmodellen eine Bassstimme ergänzen wollen, können Sie zwischen mehreren Möglichkeiten wählen. Das Intervallverhältnis des Basses zur Penultima der Tenorklausel lässt sich dabei mit Hilfe einer Zahl oder einer Zahlenkombination beschreiben und auf diese Art sehr gut merken.

1. Am häufigsten ist ein Unterquintverhältnis (5) oder eine Sext-Quint-Seitenbewegung (6-5) anzutreffen:

Beispiel a: Unterquinte zur PU der Tenorklausel
Beispiel b: 6-5-Seitenbewegung zur PU der Tenorklausel
Beispiel c: 6-5-Seitenbewegung mit anschließendem Trugschluss
Beispiel d: 6-5-Seitenbewegung mit einer chromatisch »verfärbten« Sexte
               (kleine 6)
Beispiel e: vollständig chromatische 6-5-Seitenbewegung (kleine 6/vermin-
               derte 5)

Der Quintsprung abwärts im Bass, den Sie in den Beispielen a, b und d sehen
können, wurde als Charakteristikum dieser Stimme empfunden und deswegen als → Bassklausel bezeichnet. Tritt diese Bassklausel im Bass auf, führt
sie wie in den Beispielen in der Regel in den Grundton bzw. die Finalis der
Kadenz. Dagegen kann der Quintsprung bzw. die Bassklausel als Schluss in
der Melodie auch auf andere Töne als die Finalis führen. Hierzu können Sie
mehr auf S. 50 lesen.

Kommentar: In der Standardkadenz (Doppeloktavkadenz) führen Sopran-,
Tenor- und Bassklausel auf die Finalis des Modus bzw. in heutiger Terminologie auf den Grundton der Tonart. Dieser harmonische Aspekt kann dazu
verleiten, den in die Quinte des Schlussklangs führenden Quintsprung abwärts
im Sopran als »absprringende Tenorklausel« zu bezeichnen (vgl. Notenbeispiel
auf S. 52 unten), wobei eine solche Terminologie sich geschichtlich auf Äußerungen von Gallus Dressler (1563/64) stützen könnte, der die Bassklausel vom
Klauseltausch ausnimmt, sowie auf eine überwiegend italienische Tradition, in
der mit »cadenza« der Stimmenverbund und damit implizit auch eine Harmonik bezeichnet worden sind. Der Begriff »clausula« und die Terminologie Antepenultima, Penultima und Ultima beschreiben dagegen primär melodische Formeln, und es ist im Hinblick auf die Einzelstimme nicht einzusehen, warum ein
Quintfall im Bass aber nicht im Sopran als Bassklausel gelten soll. Auch diese
den melodischen Verlauf akzentuierende Auffassung lässt sich geschichtlich
fundieren z. B. durch Äußerungen von Nucius (1613) und Matthaei (1652) bzw.
durch eine überwiegend deutsche Tradition der Kadenzbeschreibung.
Literatur: Carl Dahlhaus: Stichwort »Klausel«, in: Riemann-Lexikon, [12]1967;
Werner Braun: Deutsche Musiktheorie des 15. bis 17. Jahrhunderts, in: Geschichte
der Musiktheorie, Bd. 8, Darmstadt 1994, S. 246–252.

2. Auch Kadenzen mit einer 3-8- oder 3-7-Bassbewegung (häufig auch 8-7-Bassbewegung) zur PU der Tenorklausel sind bei Bach üblich, wenn als Schlussklang im Außenstimmensatz eine Quinte erklingt:

<table>
<tr><td>Aufgabe
11</td><td>Schulen Sie Ihr Gehör, indem Sie die Tenorklauseln in den Beispielen a–g am Klavier mehrfach spielen und die jeweilige Bassstimme dazu singen (die Kadenzen der genannten Beispiele können Sie sich anschließend in der Datei zu dieser Aufgabe anhören).</td></tr>
</table>

Aufgabe 11 Schulen Sie Ihr Gehör, indem Sie die Tenorklauseln in den Beispielen a–g am Klavier mehrfach spielen und die jeweilige Bassstimme dazu singen (die Kadenzen der genannten Beispiele können Sie sich anschließend in der Datei zu dieser Aufgabe anhören).

Aufgabe 12 Die unter 1. (5- oder 6-5-Bassbewegung) und 2. (3-8- oder 3-7-Bassbewegung) zusammengefassten Wendungen erzeugen jeweils unterschiedliche Schlusswirkungen. Für sie haben sich die Begriffe »vollkommener Ganzschluss«, »unvollkommener Ganzschluss« sowie »Halbschluss« und »Trugschluss« etabliert. Können Sie die Kadenzwendungen in den Beispielen a–g diesen Begriffen zuordnen? Welche Zuordnungen bereiten Ihnen Schwierigkeiten? (Lösung: siehe Datei zu Aufgabe 14.)

Aufgabe 13 Ergänzen Sie in den Beispielen a–g jeweils die Sopranklausel und überprüfen Sie alle Wendungen am Klavier. Wo müssen Sie in der Sopranklausel ein *fis*, wo ein *f* schreiben?

Aufgabe 14 Interpretieren Sie die in Aufgabe 13 entstandenen Akkorde klanglich und harmonisch im Sinne der → Funktionstheorie. Wie viele verschiedene Funktionsfolgen in welchen Tonarten lassen sich allein durch die diatonischen und chromatischen 5- bzw. 6-5-Bassführungen unter der einen Tenorklausel in den Beispielen a–g erzeugen? Überprüfen Sie Ihre Ergebnisse anhand der Datei zu Aufgabe 14.

Aufgaben 15–16 Führen Sie Ihre Arbeit von Aufgabe 9 und 10 fort und komplettieren Sie die zweistimmigen Kadenzen durch eine Bassstimme zum dreistimmigen Modell. Überprüfen Sie Ihre Ergebnisse anhand der Dateien zu den Aufgaben 20 und 21.

Aufgaben 17–19 Analysieren Sie in den Chorälen der Aufgabe 17 »Dank sei Gott in der Höhe« (310), Aufgabe 18 »Herr, ich denk an jede Zeit« (212) und Aufgabe 19 »Alle

Menschen müssen sterben« (153) in den Kadenzbereichen die drei gegebenen Oberstimmen und ergänzen Sie jeweils eine sinnvolle Bassstimme.

Spielen Sie die dreistimmigen Kadenzmodelle als Terz- bzw. Sekundsequenzen auf- und abwärts und vergleichen Sie Ihre Ergebnisse mit der Datei zur Aufgabe:

Analysieren Sie die Durchführung des 1. Satzes der Sinfonie in A-Dur KV 201 von Wolfgang Amadeus Mozart mit Hilfe des Particells (den Notentext, der sich in der Datei zur Aufgabe befindet, können Sie sich hierzu ausdrucken). Markieren Sie das unter Perspektiv-Aufgabe 6 beschriebene Modell und hören Sie sich anschließend eine Aufnahme der Sinfonie an. Können Sie das Modell auch in Verbindung mit dem Orchesterklang wiedererkennen?

Die bisher besprochenen dreistimmigen Kadenzen sind nicht nur Schlusswendungen im Kleinen, sondern auch Analysemodelle z. B. für Formteile von Klaviersonaten der »Wiener Klassik« im Großen. Studieren Sie mit Hilfe der Datei zur Aufgabe den originalen Notentext und den Gerüstsatz der Exposition der Klaviersonate in D-Dur KV 284 von Wolfgang Amadeus Mozart. Achten Sie dabei insbesondere auf die formale Wirkung, die durch die Inszenierung der im Gerüstsatz angegebenen Kadenzmodelle entsteht.

Die besondere Wirkung vor dem Seitensatz einer Klaviersonate lässt sich durch ein Kadenzmodell erklären, das an der …-Position der Tenorklausel abbricht. Die spezifische Wirkung einer Schlussgruppe hingegen beruht auf dem Erreichen der …-Position des Kadenzmodells (die Lösung finden Sie in der Datei zur Aufgabe).

Perspektiv-Aufgabe 6

Perspektiv-Aufgabe 7

Perspektiv-Aufgabe 8

Perspektiv-Aufgabe 9

Die vierstimmige Kadenz

Wenn Sie in der Kadenz die vierte Stimme ergänzen wollen, suchen Sie immer zuerst nach einem fehlenden Akkordton für den vierstimmigen Klang an der PU-Position der Tenorklausel. Im folgenden Beispiel einer Kadenz in G-Dur

fehlt im a-Moll-Septakkord der Ton *e*.

Ist ein Akkord bereits vollständig, so sollten Sie den Grund- oder Quintton, in Synkopenkadenzen jedoch nie den Terz- bzw. Leitton verdoppeln (Ausnahmen siehe S. 135–137). Um eines vollständigen und ohne Tonverdopplung klingenden Schlussakkordes willen hat Bach seit seiner Leipziger Zeit (ab 1723) den Leitton der Sopranklausel – wenn diese in einer Mittelstimme (Alt/Tenor) lag – fast ausnahmslos statt zum Grundton zur Quinte abwärts geführt (»abspringender Leitton«; eine weitere Möglichkeit der Stimmführung finden Sie auf S. 54f.):

Im ersten Beispiel sehen Sie im Tenor eine Grundtonverdopplung des Dominantklangs D-Dur der PU-Station mit einem typischen Achtel-Septimdurchgang zur Terz des Schlussakkords. Auch im zweiten Beispiel finden Sie nach dem Dominantklang D-Dur (zweite Hälfte der PU) mit Grundtonverdopplung diesen Septimdurchgang zur Terz. Das letzte Beispiel zeigt eine Wendung über die chromatische 6-5-Bassbewegung nach e-Moll. Um sich die Möglichkeit zu dieser trugschlüssigen Kadenz und abspringenden Leittönen offen zu halten, empfiehlt es sich für die zukünftigen Arbeiten, in dem Arbeitsschritt der Aufgabe 8 (S. 35) die Töne der Ultima noch nicht zu ergänzen, sondern vorerst auszulassen.

Aufgaben
20–21

Überprüfen Sie nun Ihre Arbeit an den Aufgaben 15–16. Ergänzen Sie anschließend die jeweils vierte Stimme in den Kadenzen und achten Sie darauf, dass Sie immer einen Schlussklang mit Terz erhalten. In der bisherigen Ausarbeitung des Chorals »Das walt mein Gott« (Aufgabe 15) müssen Sie dazu noch eine Veränderung vornehmen – welche? Überprüfen Sie sich mit Hilfe der Dateien zur Aufgabe und durch Sichtbarmachen des verborgenen Notentextes.

Wenn Sie an den Zeilenschlüssen 1–4 und 6 des Chorals »Ermuntre dich, mein schwacher Geist« (9) vollständige Kadenzen mit 6-5-Seitenbewegung zur PU der Tenorklausel ausarbeiten, ist die folgende Lösung naheliegend:

Aufgabe
22

9

Ergänzen Sie in den Chorälen »Herr, ich habe mißgehandelt« (Aufgabe 23), »Herr Jesu Christ, wahr Mensch und Gott« (Aufgabe 24) und »Laß, o Herr, dein Ohr sich neigen« (Aufgabe 25) in den Kadenzbereichen vierstimmige Schlusswendungen und überprüfen Sie Ihr Ergebnis durch Sichtbarmachen des originalen Notentextes.

Aufgaben
23–25

Spielen bzw. hören Sie abschließend noch einmal die eingangs auf S. 31 gegebenen Beispiele. Ist Ihnen das Zusammenwirken der Stimmen in diesen Kadenzen nun vollkommen verständlich?

Aufgabe
1

Spielen Sie die Standardkadenz (Aufgabe 1, Beispiel 1, S. 31) in allen Tonarten mit bis zu fünf Vorzeichen. In welchen Tonarten müssen Sie die Sekunddissonanz

Aufgabe
26

– mit zwei weißen oder
– mit einer schwarzen und einer weißen Taste greifen?

In welchen Tonarten benötigen Sie zur Auflösung der Sekunddissonanz eine schwarze Taste?

Überprüfen Sie Ihre Ergebnisse anhand der Datei zur Aufgabe.

Die Altklausel

In unserem Beispielchoral »Ermuntre dich, mein schwacher Geist« tritt als Melodieschluss in der 5. Zeile eine Tonwiederholung auf, die als Altklausel bezeichnet wird. Studieren Sie auch die folgenden Kadenzen Johann Sebastian Bachs, die mit einer Altklausel schließen und an der PU-Position eine unverzierte bzw. verzierte Sekunddissonanz zwischen Sopran/Alt bzw. Sopran/Tenor enthalten:

360
303
21

Beispiel 1   Beispiel 2   Beispiel 3

Aufgabe
27

Spielen Sie die drei vierstimmigen Altklauselkadenzen am Klavier auswendig und wenn möglich auch transponiert. An der PU-Position der Altklausel kann wie bei der Tenorklausel im mehrstimmigen Satz eine Sekunddissonanz auftreten (siehe oben Beispiel 1 und 2). Worin unterscheiden sich diese beiden Kadenzen von der dritten? Benennen Sie auch einen grundlegenden Unterschied zwischen den ersten beiden Altklauselkadenzen und den bisher besprochenen Standardkadenzen. Die Antworten finden Sie in der Datei zur Aufgabe.

Aufgaben
28–30

Ergänzen Sie in den Chorälen 264 »Jesu meines Herzens Freud« (Aufgabe 28), 252 »Jesu, nun sei gepreiset« (Aufgabe 29) und 124 »Auf, auf, mein Herz und du mein ganzer Sinn« (Aufgabe 30) an den mit einer Altklausel schließenden Zeilenenden vierstimmige Kadenzen. Vergleichen Sie Ihre Ergebnisse mit dem verborgenen Notentext.

Die oben gegebenen Altklausel-Beispiele stehen in ihrer harmonischen Interpretation für zwei grundlegend verschiedene Schlussbildungen:

1. Dominante – Tonika (→ authentische Kadenz: Beispiel 1 und 2) und
2. Subdominante – Tonika (→ plagale Kadenz: Beispiel 3).

Beiden Harmoniefolgen liegt jeweils die Altklausel als durchgehender Ton zugrunde (der auch als → Liegeton oder → harmonisches Band bezeichnet wird). Für einen wiederholten Wechsel von D–T bzw. S–T ist der Begriff

→ Pendelharmonik gebräuchlich, weil die Harmonik zwischen zwei an einem Liegeton »aufgehängten« Klängen hin- und herpendelt. Erklingt ein Liegeton im Bass, spricht man von einem → Orgelpunkt. Liegetöne, Pendelharmonik und Orgelpunkte sind als Wegweiser zur Orientierung in größeren tonalen Kompositionen von nicht zu überschätzender Bedeutung.

Studieren Sie anhand des Particells und insbesondere der Bläserstimmen die Exposition der Sinfonie in A-Dur KV 134 von Wolfgang Amadeus Mozart. Obwohl Expositionen dieser Zeit einen sehr individuellen Aufbau haben können, lässt sich gerade der Seitensatz (bzw. das 2. Thema) oftmals über Liegetöne der Bläser und eine einfache Pendelharmonik identifizieren. In der Sinfonie KV 134 können sogar Haupt- und Seitensatz über diese Charakteristika bestimmt werden. In welchen Takten erklingen Haupt- und Seitensatz? (→ Lösungen; Literatur: Kaiser: Gehörbildung, Bd. 1, S. 219–226.)

Perspektiv-Aufgabe 10

Analysieren Sie die Exposition der Sonate op. 2,3 von Ludwig van Beethoven im Hinblick darauf, wo Orgelpunkte vorkommen und welche Funktion sie für die Formbildung haben. Wie viele Orgelpunkte können Sie feststellen, und an welchen formalen Positionen treten diese auf? (→ Lösungen)

Perspektiv-Aufgabe 11

Eine Variante der Altklausel ist der Terzsprung abwärts als Zeilenschluss. Dass diese Wendung satztechnisch mit der Altklauselkadenz, die auf der Tonwiederholung basiert, verwandt ist, können Sie allein schon daran sehen, dass es möglich ist, den Bass und eine Mittelstimme des ersten Beispiels der Aufgabe 27 unverändert bzw. leicht variiert beizubehalten. Lediglich auf die Sekunddissonanz müssen Sie verzichten, da sonst eine in dieser Form für Bach untypische verdeckte Oktavparallele zwischen der Dissonanzauflösung und dem Terzfall der Melodie auftreten würde:

Ergänzen Sie die fehlenden Stimmen in den Altklauselkadenzen mit Terzsprung abwärts in den Chorälen 122 »Ist Gott mein Schild und Helfersmann« (Aufgabe 31), 99 »Helft mir Gottes Güte preisen« (Aufgabe 32) und 140 »In allen meinen Taten« (Aufgabe 33).

Aufgaben 31–33

Auch vier Choralzeilen des Chorals 128 »Alles ist an Gottes Segen« enden mit Terzsprüngen abwärts. Studieren Sie zuerst die Kadenzen in der 1. und 4. Zeile und ergänzen Sie analog dazu die fehlenden Stimmen in der 2. und 5. Zeile. Vervollständigen Sie abschließend die Standardkadenzen am Ende der 3. Zeile. Welche Bedeutung außer der einer Altklauselkadenz können ein Terzsprung abwärts wie auch die Tonwiederholung (vgl. auch die Anmerkungen in der Datei zur Aufgabe 33) am Zeilenende noch haben? (→ Lösungen)

Klanglich sehr reizvoll sind auch jene Altklauselkadenzen, in denen eine 7-6-Synkopendissonanz in den Mittelstimmen liegt, wie Sie es im ersten der nachfolgenden Beispiele aus dem Choral »Herzlich tut mich verlangen« (Kantate Nr. 135, BWV 135/6) sehen können:

366

Im 2. Beispiel dieses Chorals (366, im Original einen Ganzton höher) wird die Klangschönheit dieser Kadenz sogar noch dadurch gesteigert, dass aufgrund der Sextenparallelen des Tenors zur Sopranklausel ein wunderschöner, linear herbeigeführter Quartsextakkord erklingt.

Alle diese Altklauselkadenzen mit Synkope sind jedoch im Hinblick auf die in ihnen enthaltene Sopranklausel nicht vollständig: Der im Alt liegenden Sopranklausel fehlt der abschließende Ton f'. Das wird besonders deutlich, wenn Sie sich die Weiterführung anschauen, die Bach im Choral 366 gewählt hat:

366

Erst zu Beginn der neuen Zeile erscheint hier der bisher ausgesparte und abschließende Sopranklauselton f' im letzten Viertel des Altes, wodurch auf eine sehr plausible und zwingende Weise das Ende der einen mit dem Anfang der nächsten Zeile verbunden wird. Wegen dieser subtilen Abstufung in der Schlusswirkung finden sich daher Altklauselkadenzen in Choralsätzen im Allgemeinen nur als Abschluss von Binnenzeilen (vgl. S. 49).

Ergänzen Sie in den Chorälen 24 »Valet will ich dir geben« (Aufgabe 35) und 200 »Christus ist erstanden« (Aufgabe 36) an den Zeilen, die mit einer Altklausel enden, Kadenzen mit Synkopendissonanz zwischen den Mittelstimmen bzw. mit einem Quartsextakkord.

Aufgaben
35–36

Spielen Sie auch die beschriebenen Altklauselkadenzen am Klavier auswendig. Viele musikalische Vorgänge lassen sich besser nachvollziehen, wenn sie auch mit den Fingern »begriffen« werden.

Aufgabe
37

Wenn Sie nun in »Ermuntre dich, mein schwacher Geist« die noch fehlende 5. Kadenz ergänzen, haben Sie das Kadenzgerüst vervollständigt und eine gute Basis für weiterführenden Arbeiten:

Aufgabe
38

9

Außerdem haben Sie von diesem Choral, der 48 Viertel lang ist, allein schon durch das Aussetzen der Kadenzen zu 24 Vierteln einen zwei- oder sogar vierstimmigen Satz geschrieben. Rein statistisch gesehen ist das, wie in der Kapitelüberschift versprochen, »die halbe Miete«, und es freut Sie vielleicht zu erfahren, dass dieses Verhältnis zwischen kadenziellen und kadenzfreien Abschnitten in sehr vielen Chorälen anzutreffen ist.

Aufgabe
39

Schulen Sie Ihr Gehör, indem Sie den bisher vorliegenden Satz von »Ermuntre dich« mehrmals am Klavier spielen und dazu in jeder Kadenz eine der Mittelstimmen bzw. den Bass singen.

Aufgabe
40

Hätten Sie am 5. Zeilenschluss die Altklauselkadenz mit dem beschriebenen Quartsextakkordmodell harmonisieren können? (→ Lösungen)

Der Choral »Das walt mein Gott« (75) endet in der 2. und 5. Zeile mit Altklauseln. Wenn Sie diese und alle Tenor- bzw. Sopranklauselkadenzen aussetzen, werden Sie zu dem folgenden oder einem ähnlichen Ergebnis kommen:

75

Kommentar: Der d-Moll-Choral beginnt mit einer Sopranklausel in *F* in der Melodie. Für die korrespondierende Tenorklausel (Tenor) wurde ein für den Bach'schen Choralsatz typisches, zur Terz statt zur Finalis führendes Sechzehntelornament gewählt. Es bewirkt eine kleine Dehnung der zweiten Zählzeit, die wiederum die Kürze der ersten Choralzeile etwas aufzufangen vermag. Dieses Sechzehntelornament wird, um eine motivische Entsprechung von Anfang und Ende herbeizuführen, auch in der Schlusskadenz verwendet. Die Bass-Unterquinte anstelle der 6-5-Bewegung am 3. Zeilenende bewirkt einen halbtaktigen harmonischen Rhythmus (C-Dur mit Quartvorhalt), der dem der Altklauselkadenzen in der 2. und 4. Zeile entspricht (3. Takt, erste Takthälfte = dominantisches G-Dur; 9. Takt, erste Takthälfte = dominantisches A-Dur. Der Choral endet mit einer so genannten »picardischen Terz«, einer chromatischen Verfärbung der kleinen (Moll-)Terz zur großen (Dur-)Terz, die bereits im vorausgehenden Sechzehntelornament vorweggenommen wird.

Die einzelnen Arbeitsschritte können Sie mit Hilfe der Datei zur Aufgabe noch einmal nachvollziehen.

Aufgabe
41

Ein relativ ungewöhnlicher Zeilenschluss (vgl. die Statistik auf S. 29) ist ein Quart- oder Quintsprung, der z. B. die 4. Zeile des besprochenen Chorals »Das walt mein Gott« beendet. Doch bevor wir auf diesen Zeilenschluss ausführlicher eingehen werden, lassen Sie uns vorerst einen kleinen Exkurs zum Kantionalsatz machen.

Tenor-, Sopran- und Altklausel im Kantionalsatz

Prinzipiell können Sie die bisher besprochene Arbeitsweise auf den Kantionalsatz übertragen. Einige Modifizierungen sind jedoch notwendig, um die spezifischen Klanglichkeiten der Kadenzen von Kantionalsätzen erfassen zu können. Neben den eingangs besprochenen, häufig in letzten Choralzeilen anzutreffenden melismatischen Ausgestaltungen finden sich bei Heinrich Schütz gelegentlich Schlusswendungen, die Ihnen vielleicht vom Hören her von Motetten und Messen des 15. und 16. Jahrhunderts vertraut sind. Wegen der Vorhaltsbildungen, die eine Verlängerung der PU-Station bzw. der Dominante auf eine ganze Note bewirken, wird diese Kadenzform im Folgenden als »große Kadenz« bezeichnet:

Psalm 23
Psalm 64
Psalm 22

Spielen Sie die oben stehenden Kadenzen auswendig und transponiert am Klavier. Versuchen Sie, deren Besonderheiten gegenüber den bisher besprochenen Schlusswendungen zu beschreiben.

Aufgabe
42

Gelegentlich finden sich auch bei Johann Sebastian Bach solche »großen Kadenzen«, allerdings in einer Notation mit halbierten Notenwerten. Können Sie diese Kadenzen auch in der bei Bach typischen »kleinen Notation« wie-

Aufgabe
43

dererkennen? Studieren Sie hierzu mit Hilfe der Datei zur Aufgabe die Choräle 120 »Was mein Gott will, das gscheh allzeit« und 262 »Ach Gott, vom Himmel sieh darein«.

Perspektiv-
Aufgabe
12
Im Choral 120 »Was mein Gott will, das gscheh allzeit« finden Sie als Kadenz der Schlusszeile eine sehr charakteristische Wendung. Schreiben Sie diese in großer Notation auf, d. h. mit verdoppelten Notenwerten, und studieren Sie die Verwendung dieser Kadenz in der Motette »So fahr ich hin« aus der »Geistlichen Chormusik« (1648) von Heinrich Schütz.

Sowohl im Choralsatz als auch im Kantionalsatz kommen beide Formen der Finalkadenz vor:

Allerdings werden diese Kadenzformen bei Bach und Schütz unterschiedlich gewichtet: Finden sich bei Bach die 6-5-Bassbewegungen in den Kadenzen sehr häufig (oder funktional ausgedrückt: Kadenzen mit einem subdominantischen Klang), überwiegen bei Schütz die Bassstimmen, welche lediglich ein Unterquintverhältnis zur PU des Tenors aufweisen (funktional ausgedrückt: dominantische Klänge mit Quartvorhalt).

Typisch für den Bach'schen Choralsatz ist der Septimdurchgang zur Terz des Schlussakkords:

Für Schütz ist dieser Durchgang hingegen völlig untypisch. Dafür verzichtet er, um Tenor- oder Sopranklauseln auch in den Mittelstimmen nicht verändern zu müssen, in Schlussklängen gern auf die Terz (die in der Generalbassbegleitung selbstverständlich gespielt wurde):

Für Bach hingegen wäre ein terzloser Schlussakkord in klangtechnischer Hinsicht ein »Fehler«. Seit 1723 ist Bach sogar nicht nur die Terz, sondern auch die Quinte des Schlussakkords in der Regel so wichtig, dass er ein »Abspringen« des Leittons in einer der Mittelstimmen dafür akzeptiert:

Dieses Verfahren kann man bei Schütz wiederum nur selten beobachten, da er im Gegensatz zu Bach auch in den Mittelstimmen einer korrekten Auflösung der Leittöne den Vorzug gibt.

Eine letzte Bemerkung zur formalen Position von Altklauseln: Kommen diese bei Bach in der Regel nur in Binnenzeilen vor (also nicht in der ersten bzw. letzten Zeile), gibt es sehr viele Kantionalsätze (z. B. die Psalmen 6, 20, 41, 50), die am Schluss eine Altklausel aufweisen.

Ergänzen Sie in Psalm 40 »Ich harrete des Herren« von Schütz in den Zeilen, die mit einer Tenorklausel enden, die Kadenzen zur Vierstimmigkeit.

Aufgabe
44

Im Psalm »Lobt Gott von Herzensgrunde« von Schütz finden Sie an vier Zeilenenden Sopranklauseln. Ergänzen Sie auch hier die fehlenden Stimmen.

Aufgabe
45

Setzen Sie im Psalm 11 »Ich trau auf Gott« von Heinrich Schütz an der ersten und letzten Fermate die Kadenzen vierstimmig aus.

Aufgabe
46

Die Bassklausel am Choralzeilenende

Schlusskadenzen galten in der Musiktheorie als »perfekt«, wenn der Bass mit einer Bassklausel bzw. einem Quint- oder Quartsprung endet (siehe S. 37). Stellt man diesen linear-melodischen Aspekt in den Vordergrund und vernachlässigt man die Tatsache, dass Bassklauseln in der Bassstimme in der Regel zum Grundton bzw. zur Finalis führen, dann könnten auch Quint- oder Quartsprünge, die in der Oberstimme am Zeilenende stehen, als Bassklauseln bezeichnet werden. Solche Kadenzen kommen im Choralsatz mit oder ohne Synkopendissonanz an PU-Stationen vor. Im Folgenden sehen Sie einige charakteristische, mit ihrer Achtelbewegung zum Teil aber auch schon recht komplexe Beispiele:

Kommentar: Der Quintfall in der Melodie kann im Choralsatz so harmonisiert werden, dass der Schlusston Grund-, Terz- oder Quintton des Schlussakkordes ist. Welche Wendung jeweils gewählt wird, hängt von übergeordneten Gesichtspunkten der Kadenzdisposition ab (siehe S. 64ff.).

Aufgabe
47   Spielen Sie diese Kadenzen mit einer Bassklausel im Sopran auswendig und auch transponiert.

Aufgaben
48–49   Ergänzen Sie in den Chorälen 64 »Was Gott tut, das ist wohlgetan« (Aufgabe 48) und 13 »Allein zu dir, Herr Jesu Christ« (Aufgabe 49) an den Zeilenenden, die mit einem Quintfall schließen, die fehlenden Stimmen.

Aufgabe
47   Spielen Sie auch die folgenden Kadenzen mit einem Quartfall als Choralzeilenschluss auswendig und transponiert:

Kommentar: Harmonisch-funktional kann man diese Klangfolgen als T^3–D bzw. als Halbschlüsse interpretieren (hier in G-Dur und F-Dur) – und sich so möglicherweise leichter merken.

Ergänzen Sie die fehlenden Stimmen in den Kadenzen der Choräle 232 »Die Sonn hat sich mit ihrem Glanze gewendet« (Aufgabe 50) und 202 »O wir armen Sünder« (Aufgabe 51).

Aufgaben
50–51

Vervollständigen Sie den Choral »Das walt mein Gott« (siehe S. 46), indem Sie die noch fehlende mehrstimmige Kadenz in der 4., mit einer Bassklausel endenden Zeile ergänzen.

Aufgabe
52

Im Choral »Warum sollt ich mich denn grämen« (139) aus dem Weihnachtsoratorium von Bach endet die 3. Zeile mit der Quartfallklausel. Wenn Sie hier und an den anderen bekannten Zeilenschlüssen vierstimmige Kadenzen aussetzen, könnten Sie zu folgendem Ergebnis kommen:

Die zweite (hier nicht abgebildete) Hälfte der Choralmelodie »Warum sollt ich mich denn grämen« ist eine Wiederholung der ersten. Arbeiten Sie nun die Kadenzen dieses zweiten Teils aus und achten Sie darauf, dass Sie möglichst keine Kadenzwendungen wörtlich wiederholen. Eine Lösungsmöglichkeit können Sie in der Datei zur Aufgabe einsehen.

Aufgabe
53

Studieren Sie im Anschluss an Ihre Ausarbeitung von Aufgabe 53 den originalen Satz. Sie werden sehen, auf welche Art Bach Abwechslungen in der Kadenzgestaltung erreicht.

Aufgabe
54

Weil in der Praxis eher von Ihnen verlangt wird, Sätze zu unbegleiteten Melodien zu erstellen als nur zu Basstimmen, wurden in diesem Lehrgang die Kadenzen nach den Schlusswendungen in der Melodie geordnet. Historisch korrekter wäre es hingegen, Kadenzen nach den Wendungen im Bass zu rubrizieren. Die folgenden Kadenzen würden demnach alle als »cantizans« (»diskantisierend«) bezeichnet, weil im Bass eine Diskant- bzw. Sopranklausel zu hören ist:

Kommentar: Die hier verwendete Terminologie und Rubrizierung der mehrstimmigen Kadenzen findet sich z. B. in den »Praecepta der Musicalischen Composition« von Johann Gottfried Walther.
Literatur: Johann Gottfried Walther: Praecepta der Musicalischen Composition,
hrsg. von Peter Benary, Leipzig 1955, S. 168–173; und Werner Braun: Deutsche
Musiktheorie des 15. bis 17. Jahrhunderts, in: Geschichte der Musiktheorie,
Bd. 8/II, Darmstadt 1994, S. 240.

Aufgabe 55

Suchen Sie unter den bisher besprochenen und auch unter den folgenden
Kadenzen solche, bei denen die Bassklausel (»clausula basizans«) oder die
Tenorklausel (»clausula tenorizans«) im Bass liegen. (→ Lösungen)

Aufgabe 56

Der Choral 327 »Liebster Jesu, wir sind hier« hat nur vier Zeilen, darunter
eine, die durch eine »diskantisierende« Kadenz (»clausula cantizans«) beendet wird. Um welche Zeile handelt es sich dabei? (→ Lösungen)

Die Bassklausel im Kantionalsatz

Im Kantionalsatz sind Zeilenschlüsse der Melodie, die mit einer Bassklausel
enden, ungefähr genauso häufig anzutreffen wie im Choralsatz. Allerdings kommen im Kantionalsatz im Grunde nur drei verschiedene Aussetzungen vor:

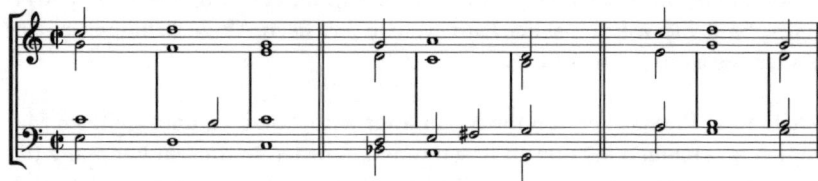

Kommentar: Im ersten Fall sehen Sie als Träger der zweistimmigen 7-6-Syn-
kopendissonanz den Bass (Tenorklausel) und den Tenor (Sopranklausel). Im
zweiten Fall sind die gleichen Stimmen »klauselführend«, allerdings ohne eine
7-6-Synkope. Stattdessen wird die Ultima ohne Dissonanz, durch eine 5-6-Seiten-

bewegung zur PU des Basses (Tenorklausel) erreicht. Im dritten Fall wechselt zwischen PU und U der Choralmelodie die Harmonie nicht, sodass der Quintfall lediglich einen Lagenwechsel innerhalb des Schlussakkordes darstellt.

Vervollständigen Sie in den Kantionalsätzen des 34. Psalms »Ich will, solang ich lebe« und des 135. Psalms »Lobt Gott von Herzensgrunde all« die fehlenden Stimmen in den Kadenzen.

Aufgabe 57

Im Choralsatz sind Synkopenkadenzen mit Tenorklausel im Bass, wie wir sie eben gesehen haben, nur relativ selten anzutreffen. Untersuchen Sie den Choral 50 »In allen meinen Taten« und benennen Sie die Zeilen, die mit einer solchen Kadenz enden. In welchen Merkmalen unterscheiden sich die Wendungen? (→ Lösungen)

Aufgabe 58

Weitere Kadenzen ohne Synkopendissonanz

Eine andere wichtige Kadenz in Choralzeilen, die mit einer Tonleiterbewegung aufwärts (5-6-7-8 in Dur) schließen, werden Sie in der Praxis oft benötigen. Wir stellen sie in den folgenden Aufgaben vor.

Spielen Sie diese beiden Kadenzen auswendig und auch transponiert am Klavier (die erste Wendung ist Ihnen vielleicht aus der ersten Zeile des berühmten Chorals 45 »Vom Himmel hoch da komm ich her« bekannt):

Aufgabe 59

45

(original in D)

Diese Kadenzen unterscheiden sich von den vorher besprochenen Beispielen dadurch, dass hier die übliche Synkopendissonanz nicht möglich ist (können Sie erklären, warum?). Solche Kadenzen wurden in der Hierarchie niedriger eingestuft als diejenigen, die eine 7-6- bzw. 2-3-Synkope aufweisen, und können in der Regel daran erkannt werden, dass die PU-Note der Tenorklausel nicht den Wert einer Halben-, sondern nur den einer Viertelnote aufweist.

Waren bisher kontrapunktische Erklärungen für das Verständnis der Schlusswendungen sehr hilfreich (und sie sind auch historisch die »adäquateren«),
so lassen sich die Kadenzen ohne dissonierende Synkope und auch der so
genannte »kadenzierende Quartsextakkord«, der mitunter an PU-Stationen
auftritt, leichter vor dem Hintergrund des akkordischen Denkens bzw. über
die Grundfunktionen T und D erklären. Ein Beispiel:

T   D   D   T

Aufgabe 60 Diese Schlusswendungen stehen beide in G-Dur. Die erste Kadenz zeigt dabei
einen typischen → Halbschluss (T–D), während die zweite einen mustergültigen → Ganzschluss darstellt (D–T). Dabei ist die Lage der Schlussakkorde
außerordentlich charakteristisch. Geben Sie für die auf dem Arbeitsbogen
zur Aufgabe abgebildeten Kadenzen an, ob es sich um eine Ganz- oder
Halbschlusswendung handelt (→ Lösungen).

Aufgabe 61 Vervollständigen Sie die folgenden, nicht nur für die Choralarbeit wichtigen
Merksätze:

Der Halbschluss beschließt einen Melodieabschnitt, der melodisch auf dem
… Ton der Tonart endet. Er besteht aus einem …-Akkord in …-Lage auf
metrisch … Zeit.

Der Ganzschluss hingegen beendet eine Melodie gänzlich durch einen …-
Akkord in …-Lage auf metrisch … Zeit. (→ Lösungen)

$D\,{}^6_4$ $D\,{}^5_3$ T $D\,{}^6_4$ $D\,{}^5_3$ t

Aufgabe 62 Diese beiden Schlusswendungen zeigen einen → kadenzierenden Quartsextakkord auf schwerer Taktzeit. Welchen Ton müssen Sie im Quartsextakkord
wie eine Dissonanz vorbereiten? (→ Lösungen)

Im zweiten Beispiel der kadenzierenden Quartsextakkorde tritt ein abspringender Leitton auf. Leittöne können nicht nur abwärts zur Quinte, sondern auch … zur … des Schlussakkords abspringen. (→ Lösungen)

Aufgabe
63

In der Datei zur Aufgabe finden Sie den Notentext der Exposition des 1. Satzes der Sonate in G-Dur KV 283 von Wolfgang Amadeus Mozart. Sowohl der Beginn der Sonate, der traditionell als Hauptsatz (bzw. 1. Thema) bezeichnet wird, als auch der Seitensatz (bzw. das 2. Thema) werden durch Halb- bzw. Ganzschlusswendungen beendet. Welcher Kadenztyp beschließt den Haupt-, welcher den Seitensatz? (→ Lösungen)

Perspektiv-
Aufgabe
13

Der nur vier Zeilen lange Choral »Mach's mit mir Gott nach deiner Güt'« (309) weist lediglich am 2. Zeilenende eine PU-Station im Wert einer halben Note auf, sodass nur hier eine Synkopenkadenz nahe liegt. Die anderen drei Kadenzen lassen sich in Bezug auf die Grundtonart E-Dur als funktional gedachte V-I- bzw. I-V-Wendungen leicht ergänzen:

Aufgabe
64

309

Kommentar: Die erste Kadenz zeigt unter der Melodiebewegung III–II (in E-Dur: *gis–fis*) eine mustergültige Halbschlusswendung in E-Dur (Dominante in Quintlage; durch die Terzverdopplung im Tonikaakkord davor wird eine terzparallele Durchgangsbewegung möglich; vgl. hierzu auch »Der Mittelstimmensatz« auf S. 118). Am zweiten Zeilenschluss findet sich eine reguläre Synkopenkadenz auf *h*, die im Gegensatz zur ersten Kadenz keinen Halbschluss, sondern einen Ganzschluss bzw. eine → förmliche Ausweichung in die Tonart der V. Stufe bewirkt. Für die letzte Zeile wurde eine der besprochenen Quartsextakkordkadenzen zurück zur Tonika E-Dur gewählt.

Aufgaben
65–66
Ergänzen Sie in dem Choral »Mach's mit mir Gott nach deiner Güt'« als dritte Kadenz eine Wendung, die nicht den ersten Zeilenschluss notengetreu wiederholt. Sollten Sie hierbei Schwierigkeiten haben, studieren Sie die beiden Choralaussetzungen dieser Melodie durch Bach in Choral 309 (Aufgabe 65) und 44 (Aufgabe 66).

Aufgabe
67
Hören Sie sich noch einmal alle Schlusswendungen ohne Synkopendissonanz an, die in diesem Kapitel besprochen worden sind, und wählen Sie einige aus, die Sie auswendig und transponiert am Klavier spielen.

Aufgaben
68–70
Ergänzen Sie in den Chorälen 65 »Christ unser Herr zum Jordan kam« (Aufgabe 68), 47 »Vater unser im Himmelreich« (Aufgabe 69) und 37 »Jesu, der du meine Seele« (Aufgabe 70) in den Kadenzen die fehlenden Stimmen.

Der Gerüstsatz der Kadenz mit der Tenorklausel im Bass, den Sie mit oder ohne Synkope in verschiedenen Choralkadenzen kennen gelernt haben, ist bedeutsam für die Formbildung in Sonaten der »Wiener Klassik« geworden:

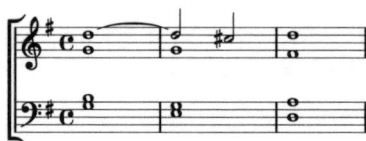

Perspektiv-
Aufgabe
14
Spüren Sie die oben abgebildete Kadenzwendung in der Exposition der Sonate C-Dur KV 309 von Mozart auf. Lassen Sie sich nicht dadurch irritieren, dass sie im typischen Gewand einer Komposition der »Wiener Klassik« erklingt. Welches formale Ereignis bereitet der Gerüstsatz in dieser Sonatenexposition vor? (→ Lösungen)

Die auffällige Klanglichkeit des kadenzierenden Quartsextakkordes erleichtert das Hören und Erkennen der Form eines Solokonzerts (»klassische Konzertform«) des späten 18. und frühen 19. Jahrhunderts. Schon die Vorbereitung des Quartsextakkordes (der sowohl das letzte formale Ereignis – die virtuose Kadenz des Solisten – als auch den Schluss des Konzertsatzes ankündigt) geschieht in der Regel auf sehr charakteristische Weise (vgl. S. 77):

in G-Dur:

in C-Dur:

Analysieren Sie im 1. Satz des Violinkonzerts in G-Dur KV 216 von Wolfgang Amadeus Mozart die Takte 214–217 und im 1. Satz seines Klavierkonzerts in C-Dur KV 503 die Takte 404–411. Orientieren Sie sich hierzu an den oben abgebildeten Analysemodellen.

Perspektiv-
Aufgabe
15

Kadenzen ohne Synkopendissonanzen im Kantionalsatz

Die bislang besprochenen einfachen Kadenzwendungen können Sie auch in Kantionalsätzen häufig antreffen. Lediglich Diminutions- bzw. Verzierungs-achtel sind für Kantionalsätze gänzlich untypisch (im Folgenden Psalm 31, 42, 1 und 7):

Aufgabe
71

Die erste und letzte Kadenz des 11. Psalms wurde von Ihnen bereits vierstimmig ausgearbeitet (siehe S. 49). Ergänzen Sie nun die entsprechende mehrstimmige Schlusswendung an der 4. Fermate.

In dieser Wendung wird der Schluss durch keine Sekund- bzw. Septimdissonanz mehr signalisiert, sondern durch eine Quartdissonanz zum Bass. Während sich bei Schütz in den Psalmvertonungen der kadenzierende Quartsextakkord nicht findet (mit Ausnahme der Quartsextklänge in den »großen Kadenzen«, siehe S. 47), scheint Johann Hermann Schein die Quartvorhalte mit gleichzeitiger (konsonierender) Sexte bereits als sehr reizvoll empfunden zu haben und hat sie deshalb oft verwendet:

Beispiel 1: 17 »Ein anders freut euch, ihr lieben Christen«

Beispiel 2: 29 »Mit Fried und Freud«

Beispiel 3: 59a »Komm, Heiliger Geist«

Ein Sonderfall: Mi-Kadenzen

Mi-Kadenzen sind Kadenzen auf allen Tonstufen, die den gleichen »Charakter« wie die Tonstufe *e* innerhalb der weißen Tasten haben, d. h. einen natürlichen Halbton über sich und einen Ganzton unter sich. Obwohl die Mi-Kadenzen innerhalb dieses Kapitels erst relativ spät besprochen werden, sind sie wegen ihrer charakteristischen Klanglichkeit und ihrem häufigen Vorkommen sehr wichtig.

Ein Schluss, in dem die Tenorklausel einen Halbton abwärts führt (anstelle eines Ganztones, vgl. S. 34 und die Lösung zur Aufgabe 1 der Seite 35), während die Sopranklausel keinen Leitton hat, wird als Mi-Kadenz bezeichnet:

Die kompositorischen Probleme, die sich bei der mehrstimmigen Aussetzung einer zweistimmigen Mi-Kadenz ergeben, haben im Laufe der Geschichte zu verschiedenen Lösungen geführt, die aus heutiger Sicht als Halbschluss (»phrygische Wendung«) bzw. als Plagalkadenz (»unvollkommener Ganzschluss«) interpretiert werden:

Suchen Sie in diesen mehrstimmigen Kadenzen das 7-6- bzw. 2-3-Synkopenmodell und bestimmen Sie, auf welchen Finalton die Tenorklauseln führen (der Finalton ist in allen drei Beispielen gleich). Die Lösung finden Sie in der Datei zur Aufgabe.

Aufgabe
72

In welcher Stimme der Beispiele erklingt jeweils die Sopranklausel, und auf welche Weise wird sie modifiziert? Finden Sie Analogien zu diesen Sopranklausel-Modifikationen in den bisher besprochenen Kadenzwendungen und überprüfen Sie sie anhand der Datei zur Aufgabe.

Aufgabe
73

Aufgabe
74

Spielen Sie die drei Beispiele am Klavier und entscheiden Sie, ob Sie diese Kadenzen als Ganzschluss oder als Halbschluss hören. Besteht eine Differenz zwischen den Finaltönen des zweistimmigen Synkopenmodells und den Tonarten, in denen wir diese Kadenzen hören? (→ Lösungen)

Aufgabe
75

Studieren Sie zum Vergleich einige Beispiele aus den Chorälen von Bach und aus den Kantionalsätzen von Schütz. Üben Sie anschließend, diese Formeln auswendig und in verschiedenen Tonarten zu spielen:

98
10
215

39
89
112

Mi-Klauseln auf *e*: 98, 10, 215, Psalm 89 und Psalm 112
Mi-Klausel auf *d*:   Psalm 39

Im Beispiel aus dem Choral 215 liegt im Bass die PU und U der Tenorklausel (*f–e*) und in der Melodie die der Sopranklausel (*d–e*). Obwohl zwischen Tenor und Sopran eine Synkopendissonanz erklingt (die »eigentlich« eine Kadenz nach C-Dur signalisiert), sind es vor allem die Intervallsätze der Außenstimmen (3-6-8 oder 6-6-8), die für Mi-Kadenzen typisch sind:

Die gleiche Oberstimme harmonisiert Bach auch häufig auf ganz andere Weise:

In einer Choralmelodie kann die große Sekunde aufwärts am Zeilenende mit einer ... oder aber auch mit einer regulären Kadenz mit ...-Bassbewegung harmonisiert werden. In zweiten Fall wird die Melodiebewegung als Variante der Tenorklausel interpretiert, die regulär über einen ...-Schritt ... in die Ultima führen würde. (→ Lösungen)

Aufgabe
76

In der Datei zur Aufgabe finden Sie einen Arbeitsbogen. Schreiben Sie mit Hilfe dieses Arbeitsbogens Kadenzen zu großen Sekundschritten in der Melodie. Fassen Sie dabei die Melodiewendung »Sekundschritt« einmal als Sopranklausel einer Mi-Kadenz und einmal als Variante der Tenorklausel (mit auf- statt abwärts geführtem Sekundschritt) auf:

Aufgabe
77

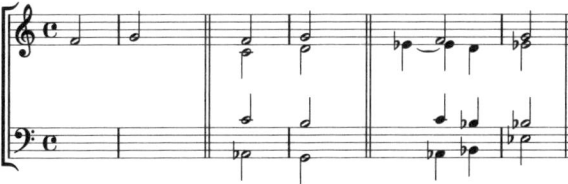

Überprüfen Sie Ihre Ergebnisse im Anschluss an Ihre Arbeit, indem Sie den verborgenen Notentext sichtbar machen.

Lässt sich analog auch eine kleine Sekunde aufwärts am Choralzeilenende, die dem Abschluss einer normalen Sopranklausel entspricht, als Variante der Tenorklausel auffassen? (→ Lösungen)

Aufgabe
78

Im Psalm 109 können Sie drei zweistimmige Mi-Klauseln aufspüren. Auf welche Tonstufen führen diese zweistimmigen Klauseln? In welche harmonischen Kadenzen sind sie integriert? Überprüfen Sie Ihre Arbeit anhand der Datei der Aufgabe 80.

Aufgaben
79–80

Ergänzen Sie nun im 11. Psalm von Heinrich Schütz noch die fehlenden Kadenzen an der 2. und 3. Fermate. Überprüfen Sie das vollständige Kadenzgerüst, indem Sie den verborgenen Notentext sichtbar machen.

Aufgabe
81

Aufgaben
82–92

Studieren Sie einige kunstvolle Verzierungen der Mi-Kadenzen in Choralsätzen von Bach: 142 »Schwing dich auf zu deinem Gott« (Aufgabe 82), 72
»Erhalt' uns, Herr, bei deinem Wort« (Aufgabe 83) und die neun Aussetzungen zur Choralmelodie »Herzlich tut mich verlangen« (Aufgaben 84–92).

Aufgaben
93–96

Ergänzen Sie die fehlenden Stimmen der Kadenzen mit einer steigenden Sekunde am Zeilenschluss in den Chorälen 249 »Allein Gott in der Höh sei
Ehr«, 227 »Lobet den Herren, denn er ist sehr freundlich« sowie in den Psalmen
18 »Ich lieb dich, Herr« und 109 »Herr Gott, daß ich mich rühmte viel«.

Perspektiv-
Aufgaben
16–18

Studieren Sie den Einsatz der phrygischen Wendung, wie sie sich im 17. und
18. Jahrhundert z. B. am Ende langsamer Sätze findet. Betrachten Sie hierzu
die Schlüsse der Adagio-Sätze aus der Triosonate op. 3, Nr. 2 in D-Dur von
Corelli, der Sonata 5, op. 1 für Flöte und bezifferten Bass in G-Dur von Händel
und der Sonate für Flöte, Violine und bezifferten Bass in G-Dur von Bach.

Eine chromatische Verfärbung der phrygischen Wendung erzeugt einen Klang,
der als übermäßiger Sextakkord bezeichnet wird:

Der übermäßige Sextakkord (wäre in diesen Beispielen auch die Quinte *c*
vorhanden, würde man ihn als übermäßigen Quintsextakkord bezeichnen)
kann auch über eine Septimensynkope herbeigeführt werden und ist einer
der wichtigsten Signalakkorde für tonale Musik seit dem 17./18. Jahrhundert zum Ankündigen einer Dominante.

Perspektiv-
Aufgaben
19–21

Studieren Sie mit Hilfe der Datei zur Aufgabe einige Ausschnitte aus Werken
von Bach (Kunst der Fuge, Contrapunctus XV), Haydn (Streichquartett op. 76,
Nr. 1) und Chopin (Etüde op. 10, Nr. 1) und analysieren Sie die Kontexte, in
denen übermäßige Sextakkorde auftreten können.

Perspektiv-
Aufgabe
22

Die phrygische Wendung in Verbindung mit dem aufwärts führenden Sekundschritt wurde in textgebundener Musik im Allgemeinen und in der frühen
Oper im Besonderen gern zur Vertonung einer Frage verwendet. Auch Mo-
zarts »Zauberflöte« ist noch in dieser Tradition zu sehen, wenn sich z. B.

Tamino mit den Priestern des Weisheitstempels unterhält. Analysieren Sie in der »Zauberflöte« das Ende des Rezitativs des 15. Auftritts und ordnen Sie durch eine Hör- oder Leseanalyse die in der Datei aufgeführten phrygischen Wendungen jeweils dem gesungenen Text zu.

Vereinzelt kommen in den Ausgaben der Choralsätze Bachs auch übermäßige Sext- bzw. Quintsextklänge vor (bezeichnenderweise überwiegend in Aussetzungen, die mit hoher Wahrscheinlichkeit nicht von Bach selbst angefertigt worden sind, sondern wahrscheinlich von seinen Schülern). Kennzeichnen Sie die übermäßigen Sexten im Notentext.

Aufgaben 97–99

Sie haben sich nun ein Repertoire an Kadenzen erarbeitet, mit dem Sie Choralzeilenenden abwechslungsreich gestalten können. Welche Kadenz in welcher Choralzeile nun die richtige ist, hängt nicht zuletzt von formalen Gesichtspunkten und Ihrem »inneren Ohr« ab (vergessen Sie nicht, Choralzeilen nach wie vor »auszuhören«, bevor Sie sich an die Ausarbeitung machen, siehe S. 23f.). Natürlich folgt auch Ihr »inneres Ohr« keinen Naturgesetzen, die unveränderliche Wahrheiten liefern. Musikalisches Hören lässt sich trainieren, wie auch ein Muskel trainiert werden kann (was nicht heißen soll, dass Sie zum musikalischen »Hochleistungssportler« werden müssen). Weitere Hilfestellungen zur Wahl passender Schlusswendungen, besonders mit Rücksicht auf formale Aspekte, können Sie dem folgenden Kapitel entnehmen.

Literatur: Elisabeth Schwind/Michael Polth: Klausel und Kadenz, in: Die Musik in Geschichte und Gegenwart, Sachteil, Bd. 5, Kassel und Stuttgart ²1996, Sp. 256–282; Ulrich Kaiser: Gehörbildung, Satzlehre, Improvisation, Höranalyse. Ein Lehrgang mit historischen Beispielen, Bärenreiter Studienbücher Musik 10 und 11, Kassel ²1999/2000, Grundkurs S. 201–209, Aufbaukurs S. 367–383.

Zusammenfassung

1. Zu den Tenorklauseln der Choralmelodie die passende Sopranklausel ergänzen und umgekehrt.
2. Zu den zweistimmigen Kadenzen eine Bassstimme schreiben (z. B. 5-, 6-5- oder 3-8-Bassbewegung).
3. Kadenz zur Vierstimmigkeit komplettieren (guter Einstieg an der PU-Station der Tenorklausel möglich).
4. Alt- oder Bassklauselkadenzen einfügen.
5. Mi-Kadenzen erkennen und ausarbeiten.
6. Kadenzen ohne gedehnte PU-Station lassen sich leicht als einfache D-T- oder S-T-Akkordverbindungen merken.

4. Die Anordnung der Kadenzen

Kadenzen im Generalbasschoral und Choralsatz

Im Folgenden sehen Sie die geistliche Liedmelodie »Brunnquell aller Güter« aus dem Gesangbuch von Schemelli (1736) mit einer von Johann Sebastian Bach komponierten Bassstimme:

Zweistimmige Choralsätze dieser Art waren typisch für evangelische Gesangbücher um 1700. Anhand der Ziffern unter der Bassstimme konnten geübte Organisten durch Generalbassspiel die fehlenden Mittelstimmen aus dem Stegreif ergänzen. Aus diesem Grunde werden solche zweistimmigen Sätze heute auch »Generalbasschoräle« genannt. Sie bilden geschichtlich gesehen ein Verbindungsglied zwischen den vierstimmigen Kantionalsätzen des späten 16. und frühen 17. Jahrhunderts und den Choralaussetzungen Johann Sebastian Bachs.

Aufgabe 1   Setzen Sie die Kadenzen des oben abgebildeten Generalbasschorals »Brunnquell aller Güter« vierstimmig aus (unter Beachtung der Ziffernvorgaben) und studieren Sie anschließend eine Musterlösung mit Hilfe der Datei.

Wenn Sie die Bedeutung der Generalbassziffern kennen, setzen Sie den Generalbass »Brunnquell aller Güter« vierstimmig aus und vergleichen Sie Ihre Arbeit mit der Musterlösung, die Sie in der Datei zur Aufgabe finden.

Aufgabe
2

Literatur:
Jesper Bøje Christensen: Die Grundlagen des Generalbaßspiels, Kassel ²1997; Hermann Keller: Schule des Generalbaß-Spiels, Kassel ¹⁴1992; Johann David Heinichen: Neu erfundene und gründliche Anweisung … zu vollkommener Erlernung des General-Basses, Reprint der Ausgabe Hamburg 1711, hrsg. von Wolfgang Horn, Kassel 2000; David Kellner: Treulicher Unterricht im General-Baß, Reprint der Ausgabe Hamburg 1743, Laaber 1980.

Vergleichen Sie Ihre Ergebnisse mit einem Choralsatz aus der Feder Bachs (Nr. 214 der Penzel-Sammlung) zu der gleichen Melodie mit Hilfe der Datei zur Aufgabe.

Aufgabe
3

Klauseln oder Kadenzen dienten in der Musik des 16. und 17. Jahrhunderts – und mit Sicherheit auch noch zu Bachs Lebzeiten – nicht nur der musikalischen Gliederung, sondern auch der Darstellung einer Tonart (vgl. Bernhard Meier: Alte Tonarten, Kassel ³2000, S. 28–30). Heute sind wir geneigt, die 4. und 5. Stufe, d. h. Subdominante und Dominante, als Hauptstufen bzw. Hauptharmonien einer Tonart anzusehen – was eine Folge des funktionalen Harmonielehreunterrichts ist und in Bezug auf die Zeit Bachs leider ein Vorurteil:

»§ 21. Diese Kunst nun auff eine leichte Arth zu begreiffen, so mercket man sich endlich die letzte doppelte:
Reg. 8. Spezial. Alle modi majores weichen aus, ordentlich: in die 3e, 5te und 6te, ausserordentlich in die 2de und 4te. Hingegen alle Modi minores weichen aus, ordentlich: in die 3e und 5te, ausserordentlich: in die 4te, 6te min. und 7me.«

Johann David Heinichen

So lautet also die Meinung eines zu Bachs Zeiten hoch geschätzten Komponisten und Theoretikers. Nach Heinichen sind für die so genannten Tonarten *majores* (d. h. für alle Tonarten mit einer leitereigenen großen Terz über dem Grundton wie z. B. alle Dur-Tonarten) als typische Kadenzorte die 1., 3., 5. und 6. Stufe anzusehen (mit den Nebenstufen 2 und 4). Für die Tonarten *minores* (d. h. für die Moll-Tonarten bzw. alle Tonarten mit einer leitereigenen kleinen Terz über dem Grundton) werden die 1., 3. und 5. Stufe als Hauptstufen angegeben (mit den Nebenstufen 4, 6 und 7). Wir können mit Sicherheit davon ausgehen, dass Bach ein Exemplar von Heinichens bekanntem Lehrwerk »Der Generalbass in der Komposition«, das 1728 in Dresden erschienen ist, in seiner Bibliothek hatte.

Soviel zur Theorie, doch wie sieht die Praxis aus? Eine Untersuchung der Choralsätze Johann Sebastian Bachs zeigt den folgenden Kadenzgebrauch:

	Anfang und Schluss	mittlere Zeilen
Tonarten *majores*	1, 5	zusätzlich: 6, 3, 4, 2
Tonarten *minores*	1, 3, 5	zusätzlich: 7, 4, 6
Tonarten mit kleiner Sekunde über dem Grundton (*minores*)	1, 4, 6	zusätzlich: 7, 5, 3

Choralmelodien der Tonarten *majores* und *minores* (z. B. in Dur- und Moll-tonarten) kadenzieren in den ersten Choralzeilen sowie in der letzten Zeile im Allgemeinen in die 1. oder 5. Stufe. In Chorälen *minores* (also z. B. in Moll) sind am Ende der ersten Zeilen auch Kadenzen in die 3. Stufe üblich.

Melodien mit einer kleinen Sekunde über dem Choralschlusston (z. B. Chor-räle mit einer phrygischen Choralmelodie) kadenzieren in den ersten Choral-zeilen dagegen regulär in die 1., 4. oder 6. Stufe. In der Schlusszeile sind gelegentlich auch Kadenzen in die 3. bzw. 6. Stufe anzutreffen.

Für die Kadenzen der mittleren Choralzeilen gilt: Hier können alle übrigen von Heinichen genannten Kadenzorte vorkommen, d. h. in Chorälen *majores* die 6., 3., 4. und 2. Stufe, in Choralmelodien *minores* die 7., 4. und 6. Stufe (die Reihenfolge in der Nennung der Stufen entspricht in etwa ihrer Häufigkeit).

Aufgabe
4 ◉
Welche Stufen werden sowohl theoretisch als auch praktisch in den Tonarten *majores* bzw. *minores* gemieden? Welche Gründe könnte es dafür geben? Über-prüfen können Sie Ihre Vermutung anhand der Datei zur Aufgabe.

Zusammenfassend lässt sich über den »dramatischen« Verlauf einer Choral-aussetzung sagen: Wenn in längeren Choralmelodien Nebentonarten (ein-schließlich der Subdominanttonart) angesteuert werden, geschieht das im Allgemeinen in den mittleren Choralzeilen bzw. gegebenenfalls nach dem Doppelstrich. In dieser Mittelstellung wirken die Nebentonarten kontrastie-rend zu den stabilisierenden Haupttonarten am Anfang und Ende. In der Praxis liegt der auffälligste Unterschied zwischen Dur und Moll dabei in der Behandlung der Tonikaparallele, die in Dur zu den Kontrast- bzw. Neben-tonarten gehört, jedoch in Moll eine Haupttonart darstellt.

Die Melodie des Chorals 26 »O Ewigkeit, du Donnerwort« steht in F-Dur. Die ersten drei Zeilen schließen melodisch mit dem 8., dem 2. und dem 1. Ton der Tonart:

26

Bach schreibt am ersten Zeilenende eine Kadenz in der Grundtonart (siehe S. 53). Das zweite und dritte Zeilenende wird mit Akkorden der 5. und 1. Stufe harmonisiert, wobei die Kadenzen in ihrer Funktion als Halbschluss (2. Melodieton mit dominantischem Akkord in Quintlage) und Ganzschluss (1. Melodieton, tonikaler Akkord in Oktavlage) korrespondieren bzw. aufeinander bezogen sind (siehe S. 54).

Auch das erste Zeilenende nach dem Doppelstrich im zweiten Teil (dem »Abgesang«, siehe S. 23) des Chorals endet auf dem 2. Ton, während die letzte Kadenz wieder zum Grundton zurückführt:

Die Schlusstöne der vierten und fünften Choralzeile sind also identisch mit denen der zweiten und dritten. Anders jedoch als in der zweiten Zeile wählt Bach in der Mitte des Chorals für den Zeilenschluss mit dem 2. Melodieton einen vollkommenen Ganzschluss in der Nebentonart g-Moll (2. Stufe bzw. Sp):

Und die Schlusskadenz bekräftigt mit einem vollkommenen Ganzschluss wieder die Grundtonart F-Dur.

Aufgaben
5–6

Hören Sie sich die Kadenzdisposition mit Hilfe der Datei der Aufgabe 5 an und studieren Sie abschließend die originale Choralaussetzung von Bach anhand der Datei der Aufgabe 6.

Aufgabe
7

Die folgenden Notenbeispiele enthalten jeweils den Anfang und die Zeilenenden verschiedener Choräle. Erstellen Sie zunächst für jeden Choral eine Kadenzdisposition und setzen Sie anschließend die jeweiligen Schlusswendungen vierstimmig aus:

»Herzliebster Jesu, was hast du verbrochen«

111

»Nun ruhen alle Wälder« (mit leicht verändertem zweitem Zeilenschluss)

62

»Wo Gott zum Haus nicht gibt sein Gunst«

157

Aufgaben
8–10

Vergleichen Sie Ihre Kadenzdispositionen mit Bachs Aussetzungen.

Aufgaben
11–12

Überprüfen Sie aufgrund dieser Überlegungen die Kadenzdispositionen der bisher bearbeiteten Beispielchoräle »Ermuntre dich, mein schwacher Geist« (S. 45) und »Warum sollt ich mich denn grämen« (S. 51).

Bislang wurde stillschweigend vorausgesetzt, dass die Tonartendisposition relativ unabhängig von der linearen Gestaltung der Choralmelodie und primär im Blick auf eine Gesamtform vorgenommen werden kann. Es gilt jedoch auch einen Gesichtspunkt zu berücksichtigen, der dieser Annahme entgegensteht: In Kapitel 3 zu den Kadenzen konnten Sie lernen, dass sich für die charakteristischen Choralzeilenenden bestimmte Standards herausgebildet haben, d. h. satztechnische Schlusswendungen, die sich nur in begrenztem Umfang modifizieren lassen. Wie verfährt nun Bach, wenn die melodischen

Zeilenschlüsse eines Chorals in den ersten Zeilen Kadenzen nahe legen, die den allgemeinen Überlegungen zu den Hauptkadenzstufen entgegenstehen (wenn also z. B. eine erste Choralzeile mit dem 4. oder 6. Ton endet und sich daher nicht mit einer Kadenz der 1. oder 5. Stufe aussetzen lässt)? Ein solcher Fall ist bereits in »Das walt' mein Gott« (S. 46) in Form der Altklauselkadenz am Ende der zweiten Choralzeile aufgetreten (Zeilenschluss auf dem 2. Ton), die eine für diese formale Position ungewöhnliche Wendung nach C-Dur (7. Stufe) erfordert.

Suchen Sie eine Antwort auf dieses Problem, indem Sie sich für die Choral-melodien »Ach Gott, wie manches Herzeleid« (156), »Es ist das Heil uns kommen her« (4) und »Von Gott will ich nicht lassen« (191) zuerst Kadenz-pläne überlegen (Aufgabe 13), die den in der Tabelle auf S. 66 gegebenen Kriterien folgen. Vergleichen Sie anschließend diese Kadenzdispositionen mit denjenigen, die sich Ihnen durch eine Analyse der originalen Choralausset-zungen Bachs erschließen (Aufgaben 14–16).

Aufgaben
13–16

Vergleicht man Bachs Choräle mit Heinichens Aussagen, fällt eine weitere Differenz zwischen Theorie und Praxis auf: In einer Tonart *major* finden sich bei Bach (im Gegensatz zu Heinichens Behauptung bzw. Forderung) nur äußerst wenige Beispiele, in denen am Anfang ein Zeilenschluss mit einem Akkord der 3. Stufe vorkommt. Deswegen können wir einen solchen Schluss gegenüber den Kadenzen im 1. und 5. Ton nicht als gleichberechtigt ansehen.

Die Choräle 249 »Allein Gott in der Höh sei Ehr« (Aufgabe 17) und 144 »Wer in dem Schutz des Höchsten ist« (Aufgabe 18) enden in der ersten Zeile mit einer für diese Position ungewöhnlichen Kadenz auf dem 3. Ton. Schreiben Sie diese Kadenzen so um, dass sie – der allgemeinen Kadenzordnung ent-sprechend – mit einem Akkord des 1. oder 5. Tons enden. Vergleichen Sie Ihre Ergebnisse mit den Musterlösungen der Dateien der Aufgaben 19 und 20.

Aufgaben
17–20

Ein ungewöhnlicher Schlussakkord der 3. Stufe kommt auch in dem Choral »Nun ruhen alle Wälder« (62) vor, für den Sie eine »reguläre« Kadenzdispo-sition bereits in der Aufgabe 7 erstellt haben:

Wer hat dich so ge - schla - gen, mein Heil, und dich mit Pla - gen

62

Aufgabe
21 🔘
Wie heißt der ungewöhnliche Schlussakkord am Ende der 1. Choralzeile, und in welcher Tonart hören wir durch die Art des Schlussakkordes diesen Einschnitt? Überprüfen Sie Ihre Antwort anhand der Datei zur Aufgabe.

Es ist schwer, für die Musik Johann Sebastian Bachs Regeln aufzustellen, denen man nicht gleich ein »ja, aber« hinzufügen müsste. Dafür ein Beispiel: Im Folgenden sehen Sie die ersten vier Zeilen des C-Dur-Chorals »Jesu, nun sei gepreiset«:

11

Aufgabe
22 🔘
Schreiben Sie die erste Zeile so um, dass sie mit einem Halbschluss in der Grundtonart C-Dur endet. Vergleichen Sie Ihr Ergebnis mit jenen Lösungen, die Sie in der Datei zur Aufgabe finden.

Aufgabe
23 🔘
Studieren Sie abschließend die Kadenzdisposition des gesamten Chorals 11 »Jesu, nun sei gepreiset«.

Mehr über die kompositorische Absicht, reguläre Kadenzwendungen zugunsten des Außergewöhnlichen zu vermeiden, können Sie auf S. 143 und 147 erfahren.

Neben all diesen Einzelheiten wird es für Sie jedoch in der Praxis hilfreich sein, nicht aus den Augen zu verlieren, dass Bach gerade in kürzeren Choralmelodien gern nur Kadenzen der Haupttöne verwendet (z. B. also in Dur nur Kadenzen auf dem 1. und 5., in Moll – wie in dem Eingangsbeispiel »Brunnquell aller Güter« – auf dem 1., 5. und 3. Ton).

Aufgaben
24–26
🔘
Untersuchen Sie die Kadenzen der Choräle 196 »Da der Herr Christ zu Tische saß« (Aufgabe 24), 239 »Den Vater dort oben« (Aufgabe 25) und 218 »Laß, o Herr, dein Ohr sich neigen« (Aufgabe 26), deren Kadenzpositionen nur die Hauptstufen 1 und 5 sowie – in Moll – 3 aufweisen.

Aufgaben
27–30
🔘
Untersuchen Sie zuerst den sichtbaren Notentext der Choräle 140 »In allen meinen Taten« (Aufgabe 27), 164 »Du großer Schmerzensmann« (Aufgabe 28),

171 »Schaut, ihr Sünder« (Aufgabe 29) sowie 167 »Herr Gott, dich loben alle wir« (Aufgabe 30) und erstellen Sie unter Berücksichtigung der Gesamtform eine Kadenzdisposition. Arbeiten Sie anschließend in Übereinstimmung mit Ihrem Kadenzplan an den Zeilenenden die entsprechenden vierstimmigen Kadenzen aus und überprüfen Sie abschließend Ihre Ergebnisse, indem Sie den originalen Notentext Bachs sichtbar machen.

Untersuchen Sie die Gavotte aus der Suite Es-Dur BWV 815 (Aufgabe 23), die Sarabande aus der Suite G-Dur BWV 816 (Aufgabe 24), die Courante aus der Suite a-Moll BWV 807 (Aufgabe 25) und das Menuet aus der Suite h-Moll BWV 814 (Aufgabe 26) von Bach im Hinblick auf die Kadenzen. In welchen Tonarten kommen deutlich hörbare bzw. formbildende Kadenzen vor? Vergleichen Sie die Kadenzdispositionen dieser Instrumentalkompositionen mit den Einsichten, die Sie an den Choralsätzen gewonnen haben.

Perspektiv-Aufgaben 23–26

Modulationen im Choralsatz

Die erste Zeile des Chorals »Gelobet seist du, Jesu Christ« (53) beginnt mit einem G-Dur- und endet mit einem C-Dur-Akkord. Wegen der Art, wie Bach vom anfänglichen G-Dur in das schließende C-Dur wechselt, können wir sagen: Die Choralzeile → moduliert von G-Dur nach C-Dur:

53

Der Eindruck, dass wir am Ende der Zeile in C-Dur »zu Hause« sind, wird von Bach erst in den letzten beiden Vierteln erzeugt. Das lässt sich zum einen leicht daran ersehen, dass am Ende der gleichen Zeilenaussetzung auch ein anderer Melodieschluss bzw. eine G-Dur-Kadenz denkbar gewesen wäre:

Zum anderen wird die Eigentümlichkeit der überraschenden Wendung nach C-Dur deutlich, wenn man sich eine Alternative vergegenwärtigt: So würde es klingen, wenn eine Einführung des in G-Dur leiterfremden und in C-Dur charakteristischen Tons *f* bereits drei Viertel früher stattgefunden hätte:

Sogar schon zu Anfang der Zeile wäre das *f* im Bass als Durchgang möglich, wodurch die ganze Zeile eine C-Dur-Färbung erhielte und das G-Dur des Anfangs nicht wie eine Tonika, sondern sofort wie eine Dominante klingen würde:

Dass Bach sich jedoch für eine plötzliche Wendung nach C-Dur entschieden hat, könnte damit zusammenhängen, dass die 4. Stufe bzw. Subdominante, wie bereits erwähnt, nicht zu den Hauptstufen zählte und deshalb nicht mit dem Nachdruck einer länger vorbereiteten Modulation erreicht werden sollte.

Aufgabe
31

Hören Sie sich die vier verschiedenen Aussetzungen noch mehrfach vergleichend an und achten Sie insbesondere auf die beschriebenen Modulationswirkungen.

An dieser Stelle können wir also festhalten, dass es unterschiedliche Strategien für einfache Modulationen gibt:

– durch eine möglichst frühe,
– durch eine mittlere und
– durch eine sehr späte Einführung

der für die Schlusstonart charakteristischen Vorzeichen. Welche Strategie gewählt wird, sollte dabei immer davon abhängen, welche Wirkung beabsichtigt wird.

Auch in den Instrumentalwerken dieser Zeit können Sie die beschriebenen Modulationsstrategien entdecken. Bestimmen Sie, welche Wirkungen in Bezug auf die Modulation Bach in den Inventionen C-Dur (Perspektiv-Aufgabe 27), E-Dur (Perspektiv-Aufgabe 28) und G-Dur (Perspektiv-Aufgabe 29) beabsichtigt hat. (→ Lösungen)

Perspektiv-
Aufgaben
27–29

Kadenzen im Kantionalsatz

Die Kadenzstufen in den Kantionalsätzen von Heinrich Schütz unterscheiden sich nur unwesentlich von denen Johann Sebastian Bachs. Ein auffälliger Unterschied besteht jedoch darin, dass in den Tonarten mit kleiner Sekunde über der Finalis (also in der Regel Kantionalsätze mit der Finalis *e*, d. h. in *e*-mi bzw. phrygisch) Kadenzen auf dem 5. Ton *h* vermieden wurden.

Da die Tonartenthematik im 16. und 17. Jahrhundert einerseits komplexer war als zur Zeit Bachs (eingehende Erklärungen sind im Rahmen dieser praktischen Anleitung leider nicht möglich) und da andererseits Tonarten in dieser Zeit nur sehr eingeschränkt transponierbar waren, wird es Ihnen in der Praxis wahrscheinlich am meisten helfen, sich die typischen Kadenzorte in Verbindung mit den Finaltönen zu merken. Die folgende Übersicht veranschaulicht die Rangordnung der Kadenzenstufen in den Kantionalsätzen von Heinrich Schütz:

Finalis	Vorzeichnung	Hauptstufen	Nebenstufen
C	–	1, 5	6, 2, 3, 6
G	–	1, 5	2, 4 (3, 6, 7)
F	♭	1, 5	4, 6, 2, 3
D	– / ♭	1, 5, 3	7, 4, 6 (2 ist nur ohne ♭-Vorzeichnung möglich)
G	♭	1, 5, 3	7, 4, 6 (selten 2)
A	–	1, 5, 3	4, 7, 6
E	–	1, 3, 4, 6	7

Arbeiten Sie (wie in Aufgabe 28 beschrieben) eine Kadenzdisposition für die Psalmen 40 »Ich harrete des Herrn« (Aufgabe 32), 64 »Erhör mein Stimm«

Aufgaben
32–37

(Aufgabe 33), 26 »Herr, schaff mir Recht« (Aufgabe 34), 19 »Die Himmel,
Herr, preisen« (Aufgabe 35), 51 »Erbarm dich mein, o Herre Gott« (Aufgabe 36) und 18 »Ich lieb dich, Herr, von Herzen sehr« (Aufgabe 37) aus, ergänzen Sie anschließend die entsprechenden Schlusswendungen und überprüfen
Sie Ihre Ergebnisse anhand des verborgenen Notentextes.

Zusammenfassung

1. Tonartendisposition erstellen:
   Für die ersten Zeilen und die letzte Zeile: Kadenzen auf 1 und 5 (Dur
   und Moll) sowie 3 (nur Moll).
   Kadenzen der Nebenstufen bevorzugt in der Mitte des Chorals.
2. Abweichungen von dieser allgemeinen Kadenzdisposition wegen charakteristischer melodischer Zeilenschlüsse beachten.
3. Für modulierende Zeilen eine Modulationsstrategie überlegen.

5. Der Außenstimmensatz

Wenn Sie den Melodieverlauf Bach'scher Choralsätze untersuchen, werden Sie feststellen, dass Sekundschritte auf- und abwärts die bei weitem häufigsten Intervallfortschreitungen sind. Außerdem ist bekannt, dass Bach beim Komponieren seiner Choralsätze zuerst den Außenstimmensatz ausgearbeitet hat. Es liegt daher nahe, bei den Sekundbewegungen der Choralstimme anzusetzen und Regeln für das Intervallverhältnis der Außenstimmen zu formulieren. Selbstverständlich können diese Regeln nur eine methodische Hilfe in die satztechnische Arbeit sein. Es ist aber erstaunlich, wie sehr eine satztechnische Arbeit nach einer Bach'schen Außenstimmenführung klingt, wenn die folgenden Regeln beachtet und geschickt kombiniert werden.

Terzen und Sexten

1. Regel: Parallelbewegung

In den Außenstimmen der Choralsätze Bachs fallen die zahlreichen Terz- und Sextparallelen auf. Rein statistisch gesehen stellen Parallelbewegungen in imperfekten Konsonanzen die häufigste Bewegungsform dar.

a) Parallele Terzen

Tonleiter- bzw. Sekundbewegungen der Choralmelodie können durch eine parallele Terzenbewegung im Bass ausgesetzt werden:

65
90

Bereits im 16. Jahrhundert, in der Zeit der »klassischen Vokalpolyphonie«, wurde die Klanglichkeit einer Parallelbewegung in Terzen bzw. Dezimen geschätzt. Im Gegensatz zu dem heutigen Vorurteil, dass Parallelbewegungen von mehr als drei Terzen im Kontrapunkt grundsätzlich »verboten« seien, lassen sich sowohl Beispiele von berühmten Komponisten als auch aus theoretischen Lehrwerken finden, die von einem spezifischen Gebrauch parallelgeführter Terzen und Dezimen zeugen. Johannes Nucius schreibt z. B. 1613 in »Musices Poeticae« (im Original auf Lateinisch):

»Wie werden Dezimen gebraucht? Es schmückt die Harmonia sehr, wenn Discant und Bass in vielen Dezimen voranschreiten. Der Tenor unterdessen ist eine andere dazwischenliegende Stimme, die sekundweise entweder auf- oder absteigt.«

Perspektiv-
Aufgabe
28 Hören Sie sich das »Christe eleison« aus der Missa »Comment peult avoir joye« von Heinrich Isaac mehrfach an und analysieren Sie es im Hinblick auf das Zitat von Nucius.

Perspektiv-
Aufgaben
29–30 Analysieren Sie unter diesem Aspekt auch die »Et misericordia«-Kompositionen aus den »Magnificat quinti« bzw. »sexti toni« (1591) von Giovanni Pierluigi da Palestrina. Hören Sie sich am besten auch diese Stücke zuvor mit Hilfe der Datei zur Aufgabe mehrfach an.

Perspektiv-
Aufgabe
31 Suchen Sie in dem »Et exultavit« aus dem »Magnificat tertii toni« (1591) von Palestrina alle parallelen Terzenbewegungen, also auch solche, die durch Mittelstimmen entstehen. Drucken Sie sich hierzu den Notentext aus und markieren Sie alle entsprechenden Stellen mit einem Farbstift (und wie gehabt: Bitte mehrfach anhören!).

Perspektiv-
Aufgabe
32 Parallelführungen in Terzen bzw. Dezimen sind auch für tonale Musik des 18. und 19. Jahrhunderts von kaum zu überschätzender Bedeutung. Für die modulatorische Bewegung in die Oberquinte wurde z. B. häufig ein Dezimenaußenstimmensatz komponiert. Analysieren Sie hierzu in der Invention E-Dur

von Johann Sebastian Bach (vgl. S. 73) die jeweils höchsten und tiefsten Töne der Takte 9, 11, 13 und 15.

b) Parallele Sexten

Tonleitern auf- und abwärts in Choralmelodien können durch eine parallele Sextenbewegung im Bass ausgesetzt werden. Bei Bachs Choralsätzen fällt allerdings auf, dass selten mehr als vier parallele Sexten hintereinander auftreten und die Bewegung abwärts in der Regel in den Quintsextakkord bzw. aufwärts in den Quartsextakkord einer Kadenz mündet:

263
84

(263 im Original mit punktiertem *c* im Bass und anderer Mittelstimmenführung)

Sätze, die parallele Terz-Sext-Klänge bzw. Sextakkorde enthalten, können Sie in Musik unterschiedlichster Zeiten mit sehr verschiedenen Klangwirkungen antreffen. Sehr früh kommen bei Dufay (Aufgabe 33: Hymnus »Conditor alme siderum«) parallele Terz-Sext-Klänge vor, es gibt sie bei Beethoven (Aufgabe 34: Sonate 2.3, 3. Satz) und man kann sie noch bei Claude Debussy (Aufgabe 35: Arabesque Nr. 1) entdecken. Studieren Sie mit Hilfe der Dateien zur Aufgabe die drei Literaturbeispiele dieser Komponisten.

Perspektiv-Aufgaben 33–35

Untersuchen Sie die Choralsätze 87 »O Haupt voll Blut und Wunden«, 350 »Wenn mein Stündlein vorhanden ist« und 144 »Wer in dem Schutz des Höchsten ist« in Bezug auf Terzparallelbewegungen im Außenstimmensatz. Wie viele Noten zählt die Choralmelodie, und wie viele Terzparallelen können Sie feststellen?

Aufgaben 1–3

Setzen Sie die Kadenzen der vorangegangenen Beispiele vierstimmig aus. Wiederholen Sie hierzu gegebenenfalls die Anleitungen in Kapitel 3 (S. 31ff.) und vergleichen Sie Ihre Ergebnisse mit Kadenzen der Sätze von Johann Sebastian Bach.

Aufgabe 4

2. Regel: Sext-Terz-Bewegungen

Bei Tonleiterbewegungen abwärts in der Melodiestimme sind im Außenstimmensatz Bach'scher Choralsätze die häufigen Sext-Terz-Bewegungen (6-3) auffällig, die zumeist mit einer Durchgangsnote verbunden werden (6^53-6^53):

Aufgabe
5

Ergänzen Sie auch in diesem Beispiel die abschließende Kadenz. Können Sie sich noch an ihren Namen erinnern? (Vgl. S. 59, die Lösung finden Sie in der Datei zur Aufgabe.)

Im folgenden Beispiel steht die 6^5-Bewegung des 6^53-Modells unter jedem geradzahligen Ton einer F-Dur-Tonleiter (also unter dem 8., 6., 4. und 2. Ton):

Aufgabe
6

Spielen Sie die B-Dur-, F-Dur-, C-Dur-, G-Dur- und D-Dur-Tonleiter abwärts mit dem 6^53-Modell als zweistimmigen Satz am Klavier. Spielen Sie anschließend auch die Tonleitern als vierstimmigen Generalbasssatz. Kontrollieren Sie sich mit Hilfe der Dateien zur Aufgabe.

In dem Modell-Beispiel oben wurden in der Bewegung, d. h. unter dem 8., 6. und 4. Ton, kleine Sexten und verminderte Quinten gewählt, unter dem 2. Ton bzw. in der Kadenz hingegen die große Sexte in Verbindung mit der reinen Quinte. Auf den Choralsatz lässt sich das Modell in dieser Form jedoch nicht schematisch übertragen. Achten Sie beim Studium originaler Sätze auf dieses Detail und entscheiden Sie vorerst am Klavier bzw. mit dem »Ohr«, ob die kleine oder große Sexte bzw. eine reine oder verminderte Quinte »besser« klingt.

Aufgabe
7

Setzen Sie auch Molltonleitern abwärts mit dem 6^53-6^53-Modell aus und vergleichen Sie Ihr Ergebnis mit den Dateien zu Aufgabe.

Ein 6-3-Intervallverhältnis ist allerdings nicht nur bei Tonleiterbewegungen der Melodiestimme anzutreffen. Besonders häufig findet sich diese Intervallkombination auch bei Terzfällen in der Choralmelodie:

316
324

Dabei ist es unerheblich, ob der Terzsprung unverziert (324) oder mit einem Achteldurchgang (316) erklingt. Achten Sie jedoch darauf, dass die Sexte vor der Terz in der Regel klein ist.

Spielen Sie die 6-3-Modelle als Sequenz in verschiedenen Tonarten zwei- und auch vierstimmig. Verwenden Sie gegebenenfalls hierzu die Datei zur Aufgabe als Einstiegshilfe.

Perspektiv-Aufgabe 36

Natürlich ist es möglich, den zweistimmigen 6-3-Intervallsatz im Sinne neuerer Methoden, z. B. aus klanglich-harmonischer Sicht, zu beschreiben: Wie können die Akkorde, die durch die kleine Sexte skizziert werden, funktional interpretiert werden (z. B. E-Dur vor a-Moll oder D-Dur vor G-Dur)? (→ Lösungen)

Aufgabe 8

Vergleichen Sie das 6-3-Modell mit den Altklauselkadenzen auf S. 42. Was fällt auf? (→ Lösungen)

Aufgabe 9

3. Regel: Sexten unter dem 4. und 7. Ton
Eine charakteristische Außenstimmenaussetzung für die Tonleiter aufwärts ergibt sich durch den Wechsel von einer Terz zur Sexte beim 4. und 7. Ton der Tonleiter:

82
273

(Bassnoten mit abwärts führendem Hals = Choral 82 »Jesu Leiden, Pein und Tod«, original in A-Dur, mit aufwärts führendem Hals = Choral 273 »Ein feste Burg«)

Die 3. Regel angewendet auf eine C-Dur-Tonleiter:

Aufgabe
10

Vergleichen Sie den zweiten Teil dieses Tonleitermodells mit den Kadenzen auf S. 53. Was können Sie feststellen? Die Antwort finden Sie in der Datei zur Aufgabe.

Aufgabe
11

Überlegen Sie sich, welche Akkorde durch diese Zweistimmigkeit skizziert werden. Ergänzen Sie zur Bestimmung der Akkorde entsprechende Generalbassziffern und spielen Sie dieses aufwärts führende Tonleitermodell als vierstimmigen Generalbasssatz in verschiedenen Tonarten. Orientieren Sie sich gegebenenfalls an der Datei zur Aufgabe.

Wenn Sie die bisher freigebliebenen Stellen im Übungschoral »Ermuntre dich, mein schwacher Geist« (S. 68) unter Berücksichtigung der Regeln 1–4 aussetzen, ist das folgende Ergebnis möglich:

134-2

Kommentar: Eine relativ mechanische Regelanwendung führt zu einem musikalisch unbefriedigenden Ergebnis:
In der ersten Zeile (ab dem 2. Ton = Regel 1) erlebt man das *g* des Basses auf T. 1.3 (1. Takt, 3. Zählzeit) und das *g* im Bass der Kadenz T. 2.1 als störende Wiederholung.
Der Beginn der zweiten Zeile klingt gut (Regel 2), doch unbefriedigend ist auch hier, dass durch die Anwendung der Regel 1 sich die Töne *fis* und *g* im 3. Takt wiederholen.
Der Übergang zur dritten Zeile (Regel 1) ist ungeschickt (Septimsprung aufwärts wegen der sonst relativ tiefen Lage).
Durch die Tonwiederholung der Melodie hat sich in der vierten Zeile eine monotone Bassführung ergeben (Regel 1). Auch die Wiederholung des Basstones *a* wirkt störend (T. 7.3 und T. 8.1, vgl. hierzu die analoge Wendung der ersten Zeile).
In der letzten Zeile (Regel 1) wirkt es unbefriedigend, dass der Schlusston *g* im Bass schon am Ende des vorletzten Taktes erklingt und so die Schlusswirkung des letzten Basstones abschwächt.

Interpretieren Sie diesen »mechanisch« ausgesetzten Satz harmonisch-funktional und ergänzen Sie Mittelstimmen, sodass in Bezug auf die Grundtonart vollständige (und sinnvolle) Akkorde entstehen. Vergleichen Sie Ihr Ergebnis mit der Datei dieser Aufgabe. In der vierstimmigen Aussetzung werden zwar die zahlreichen Tonwiederholungen in der Bassstimme klanglich »überdeckt«, versuchen Sie jedoch, Ihr Gehör zu sensibilisieren, indem Sie auch in der Mehrstimmigkeit ganz gezielt auf kritische Stellen achten.

Aufgabe 12

Choräle ausschließlich nach festen und einfachen Regeln zu schreiben, dürfte nur selten zu einem musikalisch befriedigenden Ergebnis führen. Trotzdem können Sie, solange Sie noch über keine deutliche innere Klangvorstellung für einen vierstimmigen Satz verfügen, durch eine an Regeln orientierte Arbeitsweise und eine sensible musikalische Kritik zu neuen Fragestellungen und damit zu klanglichen Verbesserungen kommen. Ein gutes inneres Hörvermögen wird sich mit der Zeit dann von selbst einstellen.

Im Anschluss an die bisherige Ausarbeitung des Chorals »Ermuntre dich, mein schwacher Geist« stellen sich unter anderem die folgenden Fragen (die Sie nach Lektüre des nächsten Unterkapitels »Quinten und Oktaven« beantworten können):

1. Wie gestaltet Bach bei Tonwiederholungen in der Melodie (4. Zeile) die Bassstimme?
2. Wie lassen sich die zahlreichen Tonwiederholungen im Bass vermeiden?
3. Gibt es typische Wendungen für Zeilenanfänge?

Wenn Sie die Regeln 1–3 auf den Choral »Machs mit mir, Gott, nach deiner Güt« (S. 55) anwenden, ist das folgende Ergebnis denkbar:

Aufgabe 13 Die Regelanwendung führt bei dieser Choralmelodie schon zu einem deutlich besseren Ergebnis als beim Beispielchoral »Ermuntre dich, mein schwacher Geist«. Unterziehen Sie jedoch auch diese Arbeit Ihrer musikalischen Kritik und ergänzen Sie anschließend den zweistimmigen Satz zur Vierstimmigkeit.

Aufgabe 14 Erarbeiten Sie sich abschließend auf diese Weise auch den Choral »Warum sollt ich mich denn grämen« (S. 68).

Quinten und Oktaven

Natürlich kommen auch die perfekten Konsonanzen Quinte und Oktave als Intervalle zwischen den Außenstimmen Bach'scher Vokalsätze vor. Die folgende Tabelle kann veranschaulichen, wie häufig diese Intervalle in den Choralsätzen Bachs auftreten:

Alle konsonanten Intervalle	Terzen	Quinten	Oktaven	Sexten
100 %	ca. 46 %	ca. 30 %	ca. 12 %	ca. 12 %

Es ist erstaunlich: Fast jedes zweite Intervall des Außenstimmensatzes ist eine Terz. Während die bereits behandelten Terzen und Sexten für die Zeilenmitte besonders typisch sind, treten Quinten und Oktaven dagegen häufiger am Zeilenanfang und -ende auf (vgl. S. 34). Erklingen sie jedoch im Zeileninnern, dann meistens innerhalb bestimmter charakteristischer Wendungen. Versuchen wir, auch für diese Intervallklasse einige praktische Regeln zu entwickeln.

4. Regel: Oktave und Quinte am Zeilenbeginn

Zeilen beginnen in der Regel mit einer perfekten Konsonanz zwischen Sopran und Bass, d.h. mit einer Oktave oder Quinte (was aber keineswegs heißt, dass hier Quint- oder Oktavparallelen auftreten dürfen!). Für einen Choralanfang mit dem Grundton ist die Oktave als Außenstimmenintervall charakteristisch. Quinten finden sich in der Regel unter dem 2. bzw. 5. melodischen Stufenton der Tonart und eröffnen damit häufiger Binnenzeilen als die erste Choralzeile. Typisch ist am Anfang der Oktavsprung des Basses aufwärts (abwärts sehr selten) zur Vermeidung einer direkten Tonwiederholung:

88
110

5. Regel: Sext-Oktav-Terz- bzw. Terz-Oktav-Sext-Bewegungen

Diese Regel ist unter anderem deshalb sehr wichtig, weil sie in unserem kleinen Regelwerk die erste »echte« Gegenbewegungsregel darstellt. Oktaven treten im Zeileninnern als Durchgangsintervall häufig dort auf, wo die Außenstimmen in Gegenbewegung von Terz zu Sext wechseln oder umgekehrt:

282

In harmonischer Lesart wird dabei aus einem C-Dur-Sextakkord ein C-Dur-Grundakkord (1. Beispiel) bzw. aus einem F-Dur-Grundakkord ein F-Dur-Sextakkord (2. Beispiel), wobei jeweils Außenstimmenoktaven den Grund-

und Sextakkord verbinden. Außenstimmenoktaven können auf verschiedene
Weise zu einem sinnvollen Akkord aufgefüllt werden (mehr hierzu finden
Sie auf S. 102).

Aufgaben 15–16

Suchen Sie in den Sätzen von Johann Sebastian Bach 21 »Herzlich tut mich
verlangen« (Aufgabe 15) und »Wenn mein Stündlein vorhanden ist« (Nummer 78 der Dietel-Sammlung, Aufgabe 16) die 3-8-6- bzw. 6-8-3-Modelle.

Aufgabe 17

Können Sie diese 3-8-6-Wendung auch erkennen, wenn Sie durch Achtelbewegung verschleiert wird? Überprüfen Sie die Lösungen der Aufgaben 15
und 16 anhand der Datei zur Aufgabe 17.

Mit dem 3-8-6-Modell können Sie auf verschiedene Weise eine Tonleiter abwärts kontrapunktieren, z. B. für die Töne 5-4-3-2-1 in Dur:

Aufgabe 18

Üben Sie diese zweistimmigen Modelle, überlegen Sie sich jeweils eine sinnvolle harmonische Interpretation der Gerüstsätze und arbeiten Sie diese vierstimmig aus.

Aufgabe 19

Vergleichen Sie Ihre Ergebnisse aus der vorangegangenen Aufgabe mit der
Datei zu dieser Aufgabe. Üben Sie die Sätze in allen Tonarten mit bis zu vier
Vorzeichen und versuchen Sie ein »Fingergefühl« für diese Wendungen zu
entwickeln.

Perspektiv-Aufgabe 37

Spielen Sie auch das folgende Modell mit der Außenstimmenbewegung 3-8-ü6
(übermäßige Sexte) durch den ganzen Tonartenzirkel. Orientieren Sie sich
hierzu an der chromatischen Basstonleiter:

Analysieren Sie die Coda des Liedes »Der Wegweiser« aus der »Winterreise« Perspektiv-
von Franz Schubert und achten Sie darauf, wie der Komponist dieses Modell Aufgabe
in die Grundtonart g-Moll integriert. 38

Für das Vorkommen von Quinten im Zeileninnern lassen sich prägnante
Regeln leider nicht formulieren, zu vielfältig sind hier die Möglichkeiten.
Eine spezifische Verwendung von Quinten innerhalb einer Sequenz können
Sie auf S. 97 kennen lernen.

6. Regel: Die Oktave als Vorbereitung einer Kadenz

Auch diese Regel ist eine Gegenbewegungsregel. Die Oktave ist neben dem
3-8-6-Modell auffällig häufig als Außenstimmenintervall an der APU-Station
der Kadenz anzutreffen:

273
119

Das Beispiel 273 lässt sich nicht nur mit der 6. Regel erklären, Sie können es Aufgabe
darüber hinaus noch anders beschreiben. Wie? (→ Lösungen) 20

Setzen Sie alle bisherigen Beispiele vierstimmig aus und wiederholen Sie Aufgabe
gegebenenfalls die entsprechenden Abschnitte des 3. Kapitels. 21

Wenn Sie mit Hilfe der Regeln 4–6 zu den perfekten Konsonanzen Oktave
und Quinte den Übungschoral »Ermuntre dich, mein schwacher Geist« (S. 80)
verbessern, können Sie zu dem folgenden Ergebnis gelangen:

Kommentar: In der ersten Zeile waren die Änderungen am aufwändigsten. Durch das *d* im Bass (T. 1.2) konnte unter Beibehaltung der Harmonik (D-Dur, dominantisch) eine Wiederholung des Tones *fis* vermieden werden. Gleichzeitig ergibt sich harmonisch durch die starke grundstellige Dominant-Tonika-Verbindung (T. 1.2 zu T. 1.3) eine I-VI-V-I-Kadenz (*G-e-D-G*), die gleich zu Beginn ein sicheres Gefühl für die Tonart G-Dur vermittelt.

Die Wiederholung des *g* im Bass (T. 1.3/T. 2.1) lässt sich nach dieser ersten Änderung nur noch durch eine Modifikation der Kadenz bzw. durch die Auslassung des subdominantischen Klangs an der PU-Station vermeiden (lesen Sie hierzu gegebenenfalls noch einmal die Ausführungen zur Kadenz auf S. 37).

Auch in der zweiten Zeile wirkt die Quinte unter dem 2. Ton (*a'*, T. 3.3), d. h. ein grundstelliger Dominantakkord, kräftiger als das *fis* bzw. ein dominantischer Sextakkord (es entsteht in Bezug auf die G-Dur-Kadenz des Zeilenendes eine kleine, halbschlüssige Binnenzäsur). Gleichzeitig konnten auf diese Weise die ungeschickten Tonwiederholungen vermieden werden. Das *h* (T. 3.4) ergibt sich aus der Anwendung der 6. Regel.

Die Verbesserung der Bassführung nach dem Doppelstrich resultiert aus den Regeln 4, 5 und 6.

Der Zeilenbeginn der vierten Zeile wurde nach Regel 4 geändert und die Kadenz modifiziert. Die Umgestaltung der Kadenz wurde in Anlehnung an die erste Zeile vorgenommen, um die musikalische Entsprechung der Melodieformeln in T. 1/2 und T. 7/8 zu verdeutlichen.

Änderung der Bassführung in der letzten Zeile nach Regel 5 und 2.

Der folgende Auszug zeigt eine Fortführung der Arbeit am Choral »Das walt' mein Gott« (S. 51).

Welche der bislang besprochenen Regeln konnten bei der Entwicklung des zweistimmigen Außenstimmensatzes in diesem Choral angewendet werden? (→ Lösungen)

Aufgabe 22

Warum wurde nicht mit einer Oktave im Außenstimmensatz begonnen (Regel 4), und warum wurde in der letzten Zeile der Bass nicht in Terzparallelen zum Sopran geführt (Regel 1)? (→ Lösungen)

Aufgabe 23

In dem Choral »Das walt' mein Gott« ist die fünfte Zeile unbearbeitet geblieben. Das liegt an der Schwierigkeit, die eine mehrfache Tonwiederholung in der Choralmelodie (hier die fünfmalige Repetition des Tones *g*) mit sich bringt. Im Folgenden sehen Sie einige Bach'sche Lösungsvorschläge zum Problem der Tonwiederholung:

340
84

54

Im ersten und dritten Beispiel (340, 54) erklingen alle denkbaren konsonanten Intervalle (Oktave, Quinte, Terz und Sexte), um eine Tonwiederholung im Bass zu vermeiden. Im zweiten (84) wird die Wiederholung des Quintintervalls durch die Diminution der Bassstimme variiert, wobei ihre interessante Gestaltung und die der Mittelstimmen bewirken, dass der über vier Viertel erklingende E-Dur-Klang nicht eintönig wirkt. Im letzten Beispiel (54) akzeptiert Bach aus melodischen Gründen (Durchgang) sogar eine im Außenstimmensatz dissonante Quarte (vgl. S. 90).

7. Regel: Tonwiederholungen in der Melodie erfordern Bass-Vielfalt

Wenn in der Melodie mehrfache Tonwiederholungen auftreten, empfiehlt es sich, durch intervallisch-harmonische oder melodische Prägnanz der Bassstimme der Gefahr musikalischer Eintönigkeit entgegenzuwirken.

Die Anwendung der 7. Regel auf die beiden kritischen Tonwiederholungen in den Beispielchorälen »Ermuntre dich, mein schwacher Geist« (9) und »Das walt mein Gott« (75) könnte Sie zu den folgenden Außenstimmensätzen führen:

9
75

Beispiele 1+2 = mögliche Aussetzungen der vierten Zeile des Chorals 9
Beispiel 3 = fünfte Zeile des Chorals 75

> Kommentar: In den ersten beiden Beispielen sehen Sie einmal eine harmonische Lösung (*e-H-e* = in e-Moll: t-D-t-Wechsel) und eine melodische (Bassverzierung eines e-Moll-Grund- und Sextakkordes). Im dritten Beispiel wurde versucht, möglichst viele Intervalle bei einer linear diminuierten Bassstimme zu verwenden. Die Außenstimmensexte *g-h* (untere Oktave) ist dabei harmonisch als Dominante zu C-Dur, die Sexte *g-b* (obere Oktave) als Vorbereitung der sich anschließenden Kadenz in d-Moll zu verstehen.

Aufgaben
24–25

Erstellen Sie unter besonderer Beachtung der 7. Regel zu den Choralzeilen, wie sie in der Datei gegeben sind, musikalisch sinnvolle Außenstimmensätze (Aufgabe 24). Spielen Sie Ihre Sätze am Klavier und vergleichen Sie diese anschließend mit den originalen Lösungen von Bach (Aufgabe 25).

Aufgabe
26

Können Sie alle sieben Regeln aus dem Kopf wiederholen? Wenn es Ihnen noch nicht gelingen will, lesen Sie bitte die entsprechenden Abschnitte noch einmal.

Aufgabe
27

Studieren Sie mit Hilfe der Datei zur Aufgabe den Choral der Kantate BWV 165 über die Choralmelodie »Nun laßt uns Gott den Herren«. Wo erkennen Sie Bassführungen, die wir in Regeln beschreiben konnten? Welche Stellen sind im Sinne dieser Regeln eher unklar? Können Sie die Satztechnik der zweiten (vgl. S. 53, Aufgabe 58) und dritten Kadenz (vgl. S. 47) nachvollziehen?

Die letzte Aufgabe gehört schon beinahe zum nächsten Kapitel: Wir hatten festgestellt, dass Bach bei vielen Tonwiederholungen selbst eine dissonante Quarte im Außenstimmensatz nicht scheut. Welcher Akkord klingt an einer solchen Stelle in der Mehrstimmigkeit? Studieren Sie hierzu die Choräle 54 »Lobt Gott, ihr Christen allzugleich« (Aufgabe 28) und 357 »Meine Seel erhebt den Herren« (Aufgabe 29).

Aufgaben
28–29

Dissonanzregeln

Dieses Kapitel sollten Sie vorerst überspringen, wenn Sie sich bei der Ausarbeitung von Choralsätzen und der Anwendung der bisher besprochenen Regeln noch nicht ganz sicher fühlen. Auf gar keinen Fall darf durch die zahlreichen Beispiele dieses Kapitels der Eindruck entstehen, dass dissonante Intervalle im Choralsatz gleichbedeutend mit konsonanten verwendet werden könnten. Dissonanzen, mit Ausnahme der Durchgangsdissonanzen, sind äußerst expressiv und haben in Choralsätzen Bachs nicht selten die Funktion, eine wichtige Bedeutung des Textes hervorzuheben bzw. zu symbolisieren. Mit zunehmendem Alter aber hat Bach selbst eine kritische Haltung gegenüber einer allzu expressiven Satztechnik eingenommen – vielleicht weil er diese Form des Ausdrucks der kleinen Form »Choralsatz« als nicht mehr angemessen empfand?

8. Regel: Septimen, Sekunden und Quarten zwischen Sopran und Bass

1. Betonte Durchgänge (auch harte Durchgänge bzw. »transitus irregularis«)
a) In den folgenden Beispielen können Sie betonte Durchgangsdissonanzen (Achtelnoten) im Bass und Sopran sehen, wodurch kurzzeitig Septimen im Außenstimmensatz erklingen:

215
22

Ein betonter Septimdurchgang findet sich auch als typische Verzierung des 6-8-3-Modells (Regel 6):

unverziert   verziert

78 (Dietel-
Sammlung;
R 357)

8   6   8   3   8   6   7   8   3

b) Betonte Sekunddurchgänge können dagegen z. B. durch die Verbindung von Sext- und Grundakkorden (Beispiel 1) bzw. durch skalenmäßige Auffüllung eines Quartintervalls (Beispiel 2) im Bass entstehen:

369
353

6   7   2   3   3   4   2   3

Quart-Rahmenintervall

c) Auf analoge Weise (Beispiel 1) und auch als betonter Durchgang (Beispiel 2) sind Quartdissonanzen charakteristisch:

212
337

3   4   4   5v   3   5   4   3   3   3

verm. Quart-Rahmenintervall

2. Vorhaltsbildungen

Die Septime (Beispiele 1–3), Sekunde (Beispiel 4) und Quarte (Beispiele 5–6) können auch innerhalb einer Vorhaltswendung auftreten:

107
BWV 139/6
92

3   7   3   3   7   5v   3   7   6   6

13
332
13

3   2   6   5   4   5v   3   5   3   4   3   8

3. Dissonanzen als Teil eines Dominantseptakkordes

Septime (Beispiele 1–3), Sekunde (Beispiele 4–6) und übermäßige Quarte (Beispiele 7–8) können auch als Bestandteil eines Dominantseptakkordes im Außenstimmensatz erklingen:

22
283bis
BWV 120/6

362
82
62

BWV 251
312

4. Die Septime als Signal für die Kadenz

Die Septime kann außerdem ein typisches Signal für einen musikalischen Schluss sein, oder funktional ausgedrückt: Sie ist Bestandteil eines subdominantischen bzw. doppeldominantischen Septakkordes in der Kadenz. Kontrapunktisch gesehen lässt sich diese Aussage dagegen auch folgendermaßen formulieren: Eine Septime kann innerhalb von Ganzschlüssen an der APU-Station (7-5-8-Intervallfolge) sowie in Halbschlusswendungen und Quintlagenschlüssen an der PU-Station (7-5-Intervallfolge) auftreten:

13
67

Aufgabe 30

Komplettieren Sie alle Beispiele, die zur Demonstration der 8. Regel herangezogen wurden, zur Vierstimmigkeit, sodass harmonisch sinnvolle Wendungen entstehen. Spielen Sie anschließend einige Wendungen, die Ihnen besonders gut gefallen, auswendig und transponiert am Klavier.

Aufgabe 31

Analysieren Sie den berühmten Choral 216 »Es ist genug« von Johann Sebastian Bach. Wie viele dissonante Intervalle zählen Sie im Außenstimmensatz? Können Sie diese den oben aufgeführten Fällen zuordnen? Achten Sie auch auf besondere Akkorde: Wie viele und welche Septakkorde erklingen allein in der drittletzten Zeile? (→ Lösungen)

Kantionalsätze klingen anders

In unserem Lehrgang haben wir bislang die Erläuterungen zum Kantionalsatz immer erst nach den jeweiligen Erklärungen zum Choralsatz gegeben. Diese Vorgehensweise ist insofern problematisch, als Kantionalsätze dadurch bisher nur aus dem Blickwinkel des Choralsatzes betrachtet worden sind und sich keine eigenständige Perspektive für diese Musik entwickeln konnte. Auch wenn Kantionalsätze eine Zeit lang als reine Gebrauchsmusik ohne besonderen Kunstanspruch galten, verhindert der fortwährende Blick auf Kantionalsätze durch die Brille Bachs letztendlich die Wahrnehmung der Schönheit dieser Musik. Außerdem erlangte spätestens seit den Bemühungen von Schütz auch die Gattung Kantionalsatz eine musikalische Eigenständigkeit im Spannungsfeld zwischen Einfachheit und Kunstanspruch. Im Folgenden sollten Sie sich deshalb darum bemühen, in Kantionalsätzen nicht nur reduzierte Choralsätze oder historische Vorstufen zu den Bach'schen Choralsätzen zu sehen, sondern schlichte Klanglichkeit und sprachorientierte Rhythmik als eigene ästhetische Qualität verstehen und hören zu lernen.

Ein entscheidendes Kriterium, das den Klang eines Kantionalsatzes bestimmt, ist der Außenstimmensatz. In den vorangegangenen Kapiteln konnten Sie sehen, dass in Bachs Choralsätzen Terzen und Sexten überwiegend im Zeilen-innern auftreten, während Quinten und Oktaven an den Zeilenenden bzw. als Durchgangsintervalle zur Gegenbewegung typisch sind.

An den Kantionalsätzen von Schütz fällt dagegen auf, dass die im Außenstimmensatz häufig auftretenden Intervalle Terz, Quinte und Oktave ganz anders eingesetzt werden und Sextintervalle nur sehr selten vorkommen. Daher müssen die Regeln 1–8 für das Erstellen eines Kantionalsatzes erheblich modifiziert werden:

Zur 1. Regel: Parallelbewegungen

a) Parallele Terzen
Parallele Terzbewegungen sind in Kantionalsätzen relativ selten anzutreffen. Sie finden sich

1. in und vor Kadenzen mit einer Tenorklausel im Bass:

Psalm 61
Psalm 79

Tenorklausel im Bass   Tenorklausel im Bass

2. in melismatischen Partien:

Psalm 23
Psalm 43

ge - treu - - er Hirt   mein Feind - be - drän - get.

3. bei Tonwiederholungen der Melodie:

Psalm 20

Aufgabe
32

Analysieren Sie die Kantionalsätze Psalm 44, 45, 63, 89.1, 90, 131 und 137 in Bezug auf parallele Terzbewegungen im Außenstimmensatz und ordnen Sie diese den oben aufgestellten Kategorien 1–3 zu.

Bei sprungweise steigender oder fallender Melodie können auch hier Tonwiederholungen im Bass auftreten. In diesem Fall finden jedoch keine Harmoniewechsel statt bzw. die Melodiebewegung wirkt wie ein Lagenwechsel innerhalb eines Akkordes (vgl. hierzu die Lösung zur Aufgabe 33, S. 44):

Psalm 63
Psalm 16

b) Parallele Sexten

Sexten kommen, wie bereits erwähnt, in den Kantionalsatz von Schütz nur sehr vereinzelt vor; die parallele Bewegung dieser Intervallklasse im Außenstimmensatz ist für den Kantionalsatz untypisch.

Zur 2. Regel: Sext-Terz-Bewegungen

Das folgende Beispiel zeigt, dass beide Möglichkeiten dieser Wendung (6-3-Intervallsatz bei sekund- und bei terzweise fallender Melodiebewegung) im Kantionalsatz vorkommen können:

Psalm 5

Unterschiede zum Choralsatz bestehen darin, dass im Kantionalsatz bei der 6-3-Bewegung zur terzweise fallenden Melodie der Quintdurchgang fehlt (also im Beispiel oben der Durchgang *h* zwischen den Bassnoten *a* und *c*, vgl. S. 78). Darüber hinaus sind diese Wendungen in Kantionalsätzen seltener anzutreffen als in Choralsätzen.

Eine weitere, jedoch seltene Form der 6-3-Außenstimmenbewegung können Sie in der Vertonung des 10. Psalms durch Heinrich Schütz studieren:

Psalm 10

Auf einen solchen 6-3-Außenstimmensatz lässt sich auch eine sehr ausdrucksstarke plagale Kadenzform, die in Bachs Choralsätzen anzutreffen ist, zurück-
führen:

279

Exkurs zur »sixte ajoutée«

Dieser 6-3-Außenstimmensatz ist typisch für plagale Kadenzwendungen mit
hinzugefügter großer Sexte als charakteristischer Dissonanz:

Leider ist der Begriff → »sixte ajoutée« im Sinne seines Erfinders (Jean-Philippe
Rameau) bzw. einer historisch orientierten Satzlehre und seine heutige Verwendung innerhalb der Funktionstheorie missverständlich und verwirrend.
Rameau prägte diesen Begriff für die charakteristische Dissonanz eines plagalen Harmonieschritts (also für den hinzugefügten Ton *d''* der Akkordverbin-
dung F–C).

Definitionen

Die »sixte ajoutée« ist eine charakteristische Dissonanz, die sich stufenweise *aufwärts* auflöst als Signal für einen Quartfall- bzw. Quintanstieg im Fundament:

Die »Septime« ist eine charakteristische Dissonanz, die sich stufenweise *abwärts* auflöst als Signal für einen Quintfall- bzw. Quartanstieg im Fundament:

Verwirrung entsteht nun dadurch, dass die historisch spätere Funktionstheorie den d^7 (kleinen Moll-Septakkord) als »sixte ajoutée« bezeichnet und mit dem Funktionszeichen S^6_5 versieht.

Perspektiv-Aufgaben 39–40

Bestimmen Sie anhand der Weiterführung, bei welchen Klangverbindungen es sich um einen »sixte ajoutée«-Akkord bzw. um einen Septimenakkord handelt (Perspektiv-Aufgabe 39), und überprüfen Sie Ihre Ergebnisse anhand der Datei der Perspektiv-Aufgabe 40.

Aufgabe 33

Untersuchen Sie die Kantionalsätze 92 »Es ist fürwahr ein köstlich Ding« und 141 »Herr, mein Gott« auf 6-3-Bewegungen im Außenstimmensatz und ordnen Sie diese den folgenden Kategorien zu:

1. 6-3-Bewegung bei sekundweise fallender Melodie
2. 6-3-Bewegung bei terzweise fallender Melodie
3. 6-3-Bewegung bei anderen Melodiebewegungen (z. B. sekundweise steigend)

Zur 3. Regel: Sexten unter dem 4. und 7. Ton

Diese Regel ist auch beim Erstellen eines Kantionalsatzes sehr hilfreich. Eine Differenzierung ist jedoch notwendig, da im Kantionalsatz sowohl der Sexte unter dem 4. Ton als auch der Sexte unter dem 7. Ton sehr häufig Oktavintervalle folgen, während bei Bach die Sexte unter dem 4. Ton gern auch in eine Terz weitergeführt wird:

Schütz:

Psalm 21
Psalm 1

Bach:

346

Zu Regel 4–6: Quinte und Oktave

Bei der Verwendung der Quint- und Oktavintervalle zeigen sich die größten Unterschiede zwischen Kantional- und Choralsatz. Ein Grund dafür könnte ein kontrapunktisches Tonleitermodell sein, das im Kantionalsatz sehr häufig anzutreffen ist:

| melodische Stufen in C: | 3 | 4 | 5 | 6 | 7 | 8/1 | 2 | 3 |
| melodische Stufen in a: | 5 | 6 | 7 | 8/1 | 2 | 3 | 4 | 5 |

Modell mit 5-3-5-3- (Bass und 1. Stimme) und 3-8-3-8-Intervallverhältnisse (Bass und 2. Stimme)

Die Beliebtheit dieser Klangfolgen im 17. Jahrhundert, die heute auch als »Parallelismus« in Grundakkorden bezeichnet werden, könnte die Häufigkeit von 5-3- und 3-8-Intervallfolgen im Außenstimmensatz von Kantionalsätzen erklären.

Merkregel

Die Dur-Tonleiter durch die ganze Oktave vom 3. bis zum 3. Ton bzw. die Moll-Tonleiter vom 5. bis zum 5. Ton können problemlos mit dem beschriebenen Parallelismus harmonisiert werden, wenn jeweils für den *unteren* Ton eines Halbtonschritts ein Akkord in Quintlage gewählt wird.

Spielen Sie in der rechten Hand eine Tonleiter durch zwei Oktaven und ergänzen Sie die Melodie in den entsprechenden Abschnitten zum dreistimmigen Parallelismusmodell.

Aufgabe
34

Beispiel in D-Dur:

Aufgabe
35

Arbeiten Sie unter Berücksichtigung der Merkregel an den jeweiligen Abschnitten der gegebenen Tonleitern das Parallelismusmodell als vierstimmigen Satz aus und überprüfen Sie ihr Spiel anhand der Datei zur Aufgabe:

B-Dur/g-Moll

A-Dur/fis-Moll

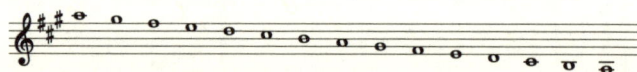

C-Dur/e-Moll

F-Dur/d-Moll

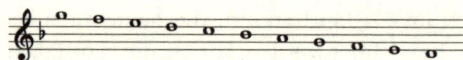

D-Dur/h-Moll

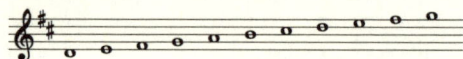

Fast alle Parallelismen, die in den Kantionalsätzen von Heinrich Schütz vorkommen, lassen sich mit Hilfe dieser Merkregel beschreiben. Nur in Kadenzen von Kantionalsätzen mit der Finalis *F* verwendet Schütz gern einen kleinen Ausschnitt des Parallelismus, indem er unter den *oberen* Ton des Halbtonschritts einen Akkord in Quintlage setzt. Das Vermeiden der verminderten Quinte im Außenstimmensatz durch ein ♭-Vorzeichen (Es-Dur) unter dem 4. melodischen Stufenton und die Querständigkeit zum Dominantakkord

(C-Dur) unter dem 2. melodischen Stufenton ist dabei wahrscheinlich als besonders reizvoll empfunden worden:

In den Choralsätzen Bachs hingegen sind verminderte Quinten im Außen-stimmensatz nicht ungewöhnlich und erlauben unter dem 4. Ton der Tonart einen schlüssigen Übergang in die Kadenz:

Analysieren Sie die Psalmen 41 »Wohl mag der sein« (Aufgabe 36), 3 »Ach, wie groß« (Aufgabe 37), 46 »Ein feste Burg« (Aufgabe 38) sowie die Choral-sätze 190 »Herr, nun laß in Friede« (Aufgabe 39) und 74 »O Haupt voll Blut und Wunden« (Aufgabe 40) in Bezug auf den Einsatz des Parallelismus-modells. Überprüfen Sie Ihre Ergebnisse anhand der Dateien zur Aufgabe. Fassen Sie die Ergebnisse anschließend in eigenen Worten zusammen.

Aufgaben
36–40

Kombinationen aus einer perfekten und einer imperfekten Konsonanz, d. h. die gebräuchlichen Intervallfolgen 5-3 bzw. 3-5 oder 8-3 bzw. 3-8 sind im Kantionalsatz auch außerhalb der Parallelismusharmonik häufig anzutreffen:

Psalm 1
Psalm 4
Psalm 5

Psalm 7
Psalm 73

Zur 7. Regel:

Tonwiederholungen in der Melodie können im Kantionalsatz, wie bereits besprochen, auch Tonwiederholungen in der Bassstimme bewirken (siehe S. 93), sodass die 7. Regel nur Gültigkeit für Choralsätze des 18. Jahrhunderts beanspruchen darf. Ein Beispiel:

Psalm 8

3   3 | 3   3   8 | 5   5

Zur 8. Regel:

Verminderte Intervalle kommen im Außenstimmensatz von Kantionalsätzen so gut wie nicht vor (eine der Ausnahmen können Sie in Psalm 90 studieren), und auch Sekunden bzw. Septimen treten im Allgemeinen nur als unbetonte Durchgänge in Erscheinung:

Psalm 23
Psalm 92
Psalm 122

5 | 3   8   7   5 | 3   8   7 5 | 8 | 3   2 8 | 3

Eine Ausnahme bildet das seltene, aber ausdrucksstarke 7-6-Synkopenmodell zwischen Sopran und Bass als Signal für eine Kadenz:

Psalm 22.1
Psalm 55

3   8 | 7   6 | 8 | 6 | 7   3 | 8

Aufgabe
41

Das 7-6-Synkopenmodell im Außenstimmensatz ist hingegen in den Choralsätzen bei Bach ausgesprochen selten anzutreffen. Markieren Sie dieses Modell in dem Choral 153 »Alle Menschen müssen sterben«.

Aufgabe
42

Studieren Sie den folgenden Außenstimmensatz, der mit Hilfe der für den Kantionalsatz modifizierten Regeln geschrieben worden ist. Die Kadenzen haben Sie in den vorhergehenden Kapiteln bereits aussetzen können. Bei der

Erstellung des noch fehlenden zweistimmigen Satzes wurden beinahe ausschließlich die typischen 5-3-, 3-5- und 8-3-Verbindungen berücksichtigt.

Psalm 11

Erstellen Sie auch zu den Psalmen 40 »Ich harrete des Herren« (Aufgabe 43), 64 »Erhör mein Stimm, Herr« (Aufgabe 44) und 26 »Herr, schaff mir Recht« (Aufgabe 45) unter Berücksichtigung der modifizierten Regeln einen Außenstimmensatz und vergleichen Sie Ihr Ergebnis mit den Sätzen von Heinrich Schütz durch Sichtbarmachen des verborgenen Notentextes.

Aufgaben
43–45

Zusammenfassung

Nach der Kadenzausarbeitung: Außenstimmensatz erstellen.

8 Regeln als Einstiegshilfe in die satztechnische Arbeit:

1. Parallelbewegung in Terzen und Sexten.
2. Sext-Terz-Verbindungen bei sekund- und terzweise fallender Melodiebewegung.
3. Sexte unter dem 4. und 7. melodischen Stufenton.
4. Oktaven und Quinten zum Zeilenbeginn.
5. Eine Gegenbewegungsregel: 3-8-6- und 6-8-3-Verbindungen.
6. Die Oktave zur Kadenzvorbereitung.
7. Tonwiederholungen erfordern Bassvielfalt.
8. Dissonanzregeln.

Flexible Anwendung und Kombination der Regeln.

Modifikation der Regeln für den Kantionalsatz.

6. Der Mittelstimmensatz

Im Choralsatz

Bisher standen in unserem Lehrgang linear-kontrapunktische Aspekte bei der Erklärung eines vierstimmigen Satzes im Vordergrund. Unsere Hörerfahrungen, die uns auch in der Zweistimmigkeit noch Dur- und Moll-Akkorde (bzw. -Harmonien) erkennen lassen, konnten wir dabei selbstverständlich nicht vollkommen ausblenden. Für das Ausarbeiten der Mittelstimmen ist es nun sogar hilfreich, sich das Hören von Akkorden bzw. Akkordverbindungen bewusst zu machen. Sie werden feststellen, dass Sie bereits mit der Festlegung der Außenstimmen eine nicht unerhebliche Entscheidung über den harmonischen Verlauf getroffen haben, denn zwei fixierte Stimmen schränken die Möglichkeiten zur Akkordbildung weitaus mehr ein als nur eine vorgegebene Melodie. Trotzdem lassen sich durch geschickte Führung der Mittelstimmen auch bei einem festgelegten Außenstimmensatz noch unterschiedliche Harmonien herbeiführen:

Außenstimmensatz

Vierstimmige Aussetzungen in C-Dur und a-Moll

Ihre Entscheidung für die eine oder andere Harmonisierung wird dabei immer von verschiedenen Faktoren abhängen, z. B. vom melodisch-tonalen Umfeld sowie von klanglich-funktionalen und auch rhythmischen Aspekten.

Die Mittelstimmen können auf verschiedene Weise im Klangraum angeordnet werden, wobei zwischen enger Lage und weiter Lage unterschieden wird:

»enge« Lage   »weite« Lagen

Bei der engen Lage erklingen die Akkordtöne der drei oberen Stimmen unmittelbar benachbart, während bei der weiten Lage zwischen den oberen Stimmen ein Akkordton oder mehrere Akkordtöne liegen können (z. B. beim zweiten Akkordbeispiel oben zwischen dem Sopran *h'* und dem Alt *d'* der Ton *g'*).

Als erster Schritt zur vierstimmigen Ausarbeitung empfiehlt es sich, die Mittelstimmen im Sinne »einfacher« Akkordverbindungen zu ergänzen, wobei Sie im Hinblick auf die jeweils folgende Choralzeilenkadenz entscheiden sollten, was als »einfach« und was als »schwer« verständlich anzusehen ist.

Eine mögliche Mittelstimmenergänzung in den ersten beiden Zeilen des Chorals »Was Gott tut, das ist wohlgetan« unter weitgehender Verwendung der engen Lage zeigt das folgende Beispiel:

G   G D G C   C   D C G C

Im nächsten Beispiel können Sie dagegen die Aussetzung der Mittelstimmen durch Johann Sebastian Bach sehen:

292

G   G D G C   ⌣   C   D C G C   ⌣

Kommentar: Bach verwendet zwischen den Kadenzen lediglich die Harmonien
G-, C- und D-Dur, d.h. in Bezug auf die Zeilenschlüsse nur die I., IV. und
V. Stufe bzw. die Grundfunktionen T, S und D.

Um eine für den Vokalsatz typische Klanglichkeit zu erzielen, ist es notwendig,
die Klanglagen bzw. Stimmumfänge für Alt und Tenor zu berücksichtigen.
Für die Mittelstimmen lassen sich anhand der Choralsätze Bachs die folgenden
Regeln aufstellen:

Normallage Tenor

Normallage Alt

Merkhilfe

Im Tenor von *c'* aus, im Alt von *d'* aus: jeweils eine Quinte auf- sowie abwärts.

Extremlage Tenor

Extremlage Alt

Merkhilfe

Jeweils drei Töne (für die hohe Stimme in die Tiefe, für die tiefe Stimme in
die Höhe) und ein Ton in entgegengesetzter Richtung.

Achten Sie außerdem darauf, dass zwischen Tenor und Alt sowie zwischen Alt und Sopran der Abstand einer Sexte nicht grundlos überschritten wird.

Schlecht klingende Abstände zwischen Alt und Tenor

Gute Klanglagen für die Oberstimmen

Bestimmen Sie in diesen Aussetzungen der ersten Zeile des Chorals »Du, o schönes Weltgebäude« jeweils den Abstand zwischen Alt und Tenor sowie zwischen Sopran und Alt. Hören Sie sich anschließend die Aussetzungen mehrmals an und achten Sie auf den unterschiedlichen Klang der Zeilen (brummend, dunkel, hell etc.).

Aufgabe 1

Untersuchen Sie den Abstand zwischen Sopran und Alt in den ersten beiden Zeilen des Chorals 292 »Was Gott tut, das ist wohlgetan« (S. 104). Was fällt auf? Studieren Sie anschließend die Datei zu dieser Aufgabe.

Aufgabe 2

Einige Wendungen, die vor diesem Hintergrund als »Sonderfälle« und dennoch für den Klang Bach'scher Choralsätze als typisch bezeichnet werden
müssen, können Sie auf S. 134 kennen lernen.

Aufgaben
3–5 🔘

Untersuchen Sie die Bassstimmen der Choräle 39 »Ach was soll ich Sünder
machen« (Aufgabe 3), 42 »Du Friedefürst, Herr Jesu Christ« (Aufgabe 4) und
48 »Ach wie nichtig, ach wie flüchtig« (Aufgabe 5) in Bezug auf ihren Umfang
bzw. Abstand zum Tenor und formulieren Sie dafür eine Regel.

Wenn Sie in den ersten beiden Zeilen des Beispielchorals »Ermuntre dich,
mein schwacher Geist« die Mittelstimmen ergänzen wollen, legen der bereits
fixierte Außenstimmensatz und die vierstimmigen Kadenzen die folgenden
Akkorde nahe:

Kommentar: An der mit »X« bezeichneten Stelle musste der bisher erarbeitete
Verlauf der Altstimme, der für die Kadenz im Kadenzkapitel festgelegt worden
ist (S. 35), geändert werden, da andernfalls eine Oktavparallele zum Bass (g–fis)
entstanden wäre (vgl. hierzu auch S. 85f.).

Alle Akkorde sind vor dem Hintergrund der jeweiligen Zeilenschlüsse (D-Dur
und G-Dur) leicht verständlich. Die Entscheidung, welche der zu ergänzenden
Töne im Alt und welche im Tenor erklingen bzw. welche Dreiklangstöne
verdoppelt werden sollen, können Sie vorerst lediglich nach zwei Gesichtspunkten treffen:

1. welche Lage für die jeweilige Stimme am günstigsten zu singen ist und 2. wie
sich in jeder Stimme eine möglichst geschmeidige Stimmführung erzielen lässt.

Ihr Arbeitsergebnis nach der Mittelstimmenergänzung ist ein homorhythmi-
scher Choralsatz des 1. Satztyps (siehe S. 17).

Aufgabe
6 🔘

Ergänzen Sie in diesem Sinne auch die Mittelstimmen in den anderen Zeilen
des Chorals »Ermuntre dich, mein schwacher Geist« und vergleichen Sie Ihr
Ergebnis mit der Datei zur Aufgabe.

Das nächste Beispiel zeigt den bisher erarbeiteten Satz des Chorals »Das walt mein Gott« (S. 86f., mit einer Variante der vierten Kadenz). Zwischen den Systemen sind die Harmonien notiert, die nahe liegend sind und sich durch das Ergänzen der Mittelstimmen ergeben sollen:

(kleiner Buchstabe = Moll; großer Buchstabe = Dur; hochgestelltes v = verminderter Klang)

Ergänzen Sie die Mittelstimmen und vergleichen Sie Ihr Ergebnis mit der Datei zur Aufgabe.

Aufgabe
7

Überarbeiten und korrigieren Sie nun gegebenenfalls Ihre Aussetzung des Choral »Machs mit mir, Gott, nach deiner Güt« (Aufgabe 13, S. 82). Vergleichen Sie Ihr Ergebnis anschließend mit der Datei zu dieser Aufgabe 8.

Aufgabe
8

Führen Sie auch Ihre Arbeit an der Melodie des Chorals 139 »Warum sollt ich mich denn grämen« (Aufgabe 53, S. 51, und Aufgabe 14, S. 82) fort und vergleichen Sie Ihr Ergebnis mit der Datei.

Aufgabe
9

e C   F C d   C   ⌣   G C F   G G D   D G C   ⌣

Aufgaben
10–12

Arbeiten Sie in dieser Weise auch die Choräle 66 »Wer nur den lieben Gott läßt walten« (Aufgabe 10), 38 »Straf mich nicht in deinem Zorn« (Aufgabe 11) sowie 68 »Wenn wir in höchsten Nöten sein« (Aufgabe 12) aus und vergleichen Sie Ihr Ergebnis mit dem verborgenen Notentext auf der CD.

Im Kantionalsatz

In musiktheoretischen Lehrwerken des 15. und 16. Jahrhunderts wurde die Korrespondenz zwischen Sopran und Tenor auf der einen Seite sowie zwischen Alt und Bass auf der anderen im Blick auf die Lage, die Klauselbildung und die Funktion im Satzgefüge hervorgehoben. In polyphonen Cantus-firmus-Kompositionen wurde dabei der Tenor, in Lied- bzw. Choralsätzen (spätestens seit Lucas Osiander 1586) der Sopran als Hauptstimme angesehen. Weitaus mehr als in einem Choral des 18. Jahrhunderts wirken sich diese Korrespondenzen von Sopran und Tenor auf den Stimmumfang und die Stimmführung in den älteren Kantionalsätzen aus.

Im Folgenden sehen Sie zwei Psalmmelodien, die sich in einem relativ hohen bzw. tiefen Klangraum bewegen:

Grundton: *a*

Psalm 18

Grundton: *d*

Psalm 110

Am Sopran-Tenor-Satz der vierstimmigen Ausarbeitungen von Schütz fällt auf, dass der Tonumfang des Tenors beinahe identisch mit dem des Soprans ist (zumal wenn man den weiteren Stimmverlauf berücksichtigt):

Psalm 18

Psalm 110

Die beiden zweistimmigen Beispiele zeigen, dass ungewöhnlich tief oder hoch liegende Melodiestimmen im Kantionalsatz einen Tenor nach sich ziehen, der sich in den Extremlagen Bach'scher Choralsätze (in der Höhe bis *a'* sogar bis *b'* und *h'* sowie zur Tiefe bis *C*) bewegt.

Gleichzeitig lässt sich aus den Quarten zwischen Sopran und Tenor schließen, dass der Sopran-Tenor-Satz von vornherein mit einer Bassstimme konzipiert worden ist (und nicht als zweistimmiger Satz Bestand haben konnte), denn eine Quarte zur unteren Stimme galt im zweistimmigen Kontrapunkt als Dissonanz.

Haben wir hier Aussagen über die Tenor- und Sopranlagen gemacht, so lässt sich zur Lage der tiefen Stimmen Folgendes sagen: Weist ein Sopran-Tenor-Gerüstsatz wie in den oben abgebildeten Beispielen einen authentischen Stimmenverlauf auf (siehe S. 23), so wurden für den Alt und Bass plagale Stimmenverläufe gefordert (und umgekehrt). Authentische und plagale Stimmpaare ergänzen sich also ineinander greifend zu einem durchgängig gefüllten Tonraum.

1. Modus »dorisch«, Grundton *d*

S					**d'**	–	a'	–	d''
A				a	–	**d'**	–	a'
T		**d**	–	a	–	d'
B	A	–	**d**	–	a

Literatur: Bernhard Meier: Alte Tonarten, dargestellt an der Instrumentalmusik des 16. und 17. Jahrhunderts, Bärenreiter Studienbücher Musik 3, Kassel [3]2000, S. 22.

Aufgaben
13–15

Untersuchen Sie die Psalmvertonungen 28 »Ich ruf zu dir, Herr Gott, mein Hort« (Aufgabe 13), 46 »Ein feste Burg ist unser Gott« (Aufgabe 14) und 57 »Sei mir gnädig, o Gott, mein Herr« (Aufgabe 15) von Heinrich Schütz in Bezug auf die Umfänge der vier Stimmen. Beschreiben Sie, welche Stimmpaare einen authentischen und welche einen plagalen Verlauf aufweisen. Können Sie außergewöhnliche Ambitusüberschreitungen feststellen?

In dieser Anleitung haben Sie bisher lernen können, von einer Choral- bzw. Psalmmelodie ausgehend, über den Bass und die Mittelstimmenergänzung einen einfachen vierstimmigen Satz auszuarbeiten. Bevor wir die Mittelstimmenergänzung für den Kantionalsatz abschließen, soll an dieser Stelle noch eine weitere Perspektive auf einen vierstimmigen Satz entwickelt werden: die Ausarbeitung der Oberstimmen von einer Bassstimme ausgehend. Die folgende Methode ist dazu geeignet, charakteristische Stimmführungen bei der Verbindung von Grundakkorden zu üben. Das Vorgehen nach der folgenden Tabelle ist besonders zu empfehlen, wenn Sie sich bei einfachen Akkordverbindungen noch unsicher sind und Ihnen gelegentlich die gefürchteten Oktav- und Quintparallelen unterlaufen:

Merktafel 1 für eine Bassbewegung aufwärts

aus dem Grundton	(8)	→ wird eine Quinte	(5)
aus der Quinte	(5)	→ wird eine Terz	(3)
aus der Terz	(3)	→ wird ein Grundton	(8)

Merktafel 2 für eine Bassbewegung abwärts

aus dem Grundton	(8)	→ wird eine Terz	(3)
aus der Terz	(3)	→ wird eine Quinte	(5)
aus der Quinte	(5)	→ wird eine Oktave	(8)

Der Bass bewegt sich im Notenbeispiel zweimal aufwärts (Quinte und Sekunde) sowie dreimal abwärts (Sekunde, Terz und Quinte). Wenn Sie nun die in der entsprechenden Merktafel angegebene Stimmführung berücksichtigen, so wird bei einer Aufwärtsbewegung des Basses in den Oberstimmen immer eine 8 zur 5, eine 5 zur 3 und eine 3 zur 8, also:

Und bei einer Abwärtsbewegung des Basses wird jede 8 zur 3, die 3 zur 5 und die 5 zur 8:

Diese Arbeitsmethode wird bereits in den »Praecepta der Musicalischen Composition« (Weimar 1708) von dem mit Bach befreundeten Johann Gottfried Walther empfohlen und kann auch heute noch beim Überwinden elementarer Stimmführungsprobleme eine sehr effektive Hilfe sein.

Orientiert man sich an den beiden genannten Bewegungsmodellen der Merktafeln, so resultieren aus den entsprechenden Basswendungen jene charakteristischen Klangwechsel (z. B. oben das Akkordpendel a-Moll/G-Dur/a-Moll), die ausgesprochen typisch für Kantionalsätze sind.

Ergänzen Sie zu den folgenden Bassstimmen unter Berücksichtigung der Merktafeln die drei Oberstimmen. Überprüfen Sie Ihre Arbeiten anhand der Dateien zur Aufgabe.

Aufgaben
16–19

Aufgabe
16

Psalm 14

Aufgabe
17
Psalm 49

Aufgabe
18
Psalm 64

Modifizieren Sie im Folgenden die beschriebenen Bewegungsmodelle der Merktafeln dahingehend, dass Sie einen Quintsprung aufwärts des Basses von der Stimmführung her wie einen Quartsprung abwärts behandeln und umgekehrt einen Quintsprung abwärts wie einen Quartsprung aufwärts:

Aufgabe
19
Psalm 89

Aufgabe
20

Vergleichen Sie Ihre Aussetzung der Aufgabe 19 mit der originalen Stimmführung in Psalm 89,1. Fällt Ihnen eine Besonderheit in den ersten Zeilen auf? (→ Lösungen)

Kehren wir nun zur Ausarbeitung der Mittelstimmen eines Psalms bei gegebenem Außenstimmensatz zurück, dann können Sie sich auch in diesem Fall noch an den beschriebenen Bewegungsmodellen orientieren. Bei einem ausnahmslosen Vorgehen nach der Merktafel sind jedoch Stimmführungsfehler wahrscheinlich, unter anderem dann, wenn die relativ seltenen Terz-Sext-Klänge (Sextakkorde) auftreten (denn die Bewegungsmodelle sind nur für die Verbindung von Grundakkorden geeignet) sowie durch fehlerhafte Übergänge in bereits ausgearbeitete Kadenzen.

Wenn Sie z. B. mit Hilfe der Merktafeln in der ersten Zeile des Beispielpsalms 11 »Ich trau auf Gott« die Mittelstimmen vom zweiten Akkord aus bis zum Beginn der Kadenz ergänzen, werden Sie zu dem folgenden Ergebnis kommen:

Wegen der Oktave im Außenstimmensatz (Regel 6, siehe S. 85) in Verbindung mit der Dissonanzvorbereitung (siehe S. 33), oder anders ausgedrückt: wegen des Sextakkordes an der APU-Position entsteht zwischen Tenor und Alt beim Übergang in die Kadenz eine Quintparallele. Sie können diese durch einen Stimmtausch in der Kadenz umgehen

oder durch einen quintlosen Klang vor der Kadenz

oder aber durch eine Viertelbewegung, die aus den offenen Parallelen für den Kantionalsatz akzeptable → Akzentparallelen auf der Ebene der halben Noten macht:

Studieren Sie die erste Zeile des Chorals 11 »Ich trau auf Gott« in der Aussetzung von Heinrich Schütz. Wie werden hier die Quintparallelen zwischen Alt und Tenor vermieden?

Aufgabe
21

Aufgabe 21a Ergänzen Sie die Mittelstimmen auch in den übrigen Zeilen des Beispielpsalms 11 und vergleichen Sie Ihr Ergebnis mit dem verborgenen Notentext.

Aufgabe 22 Studieren Sie abschließend die originale Aussetzung des Psalms von Heinrich Schütz.

Aufgaben 23–25 Arbeiten Sie auch die Mittelstimmen für die Außenstimmensätze der folgenden Psalmen aus: 28 »Ich ruf zu dir, Herr Jesu Christ« (Aufgabe 13), 46 »Ein feste Burg ist unser Gott« (Aufgabe 14) und 4 »Erhör mich, wenn ich ruf zu dir« (Aufgabe 15) von Heinrich Schütz.

Zusammenfassung

1. Im Hinblick auf die vorangegangene bzw. nachfolgende Kadenz überlegen, welche Akkorde durch den zweistimmigen Außenstimmensatz skizziert werden.
2. Im Hinblick auf diese Akkorde eine schlichte Ergänzung der Mittelstimmen unter Vermeidung von offenen Quint- und Oktavparallelen vornehmen (ein besonderes Augenmerk sollten Sie auf die Übergänge zu den bereits ausgearbeiteten Kadenzen haben).
3. Im Kantionalsatz gegebenenfalls die Merktafeln zu Hilfe nehmen.

7. Rhythmus und Diminution

Während Diminutionen (wörtlich: »Verkleinerungen«, z. B. Verzierungsfiguren) in Kantionalsätzen nur sehr selten vorkommen (vgl. die Satztypen auf S. 19ff.), prägen sie den Klang und Charakter von Choralsätzen des 2. und 3. Satztyps ganz entscheidend. Im Folgenden sehen Sie die 3. Zeile des Chorals »Du Friedefürst, Herr Jesu Christ« (Kantate BWV 116) einmal in unverzierter Form (Satztyp 1), das zweite Mal mit den originalen Diminutionsfiguren von Johann Sebastian Bach (Satztyp 3).

Diminutionsarten:

1 = Durchgang, unbetont
2 = Durchgang, betont
3 = Sprungbewegung in einen konsonanten Akkordbestandteil
4 = Vorhalt
5 = Wechselnote
6 = Antizipation
7 = angesprungene oder abspringende dissonante Nebennote u. a.

Anhand dieser Choralzeile lässt sich sehr gut studieren, auf wie vielfältige Weise eine beinahe durchgängige rhythmische Belebung des Satzes durch

Diminutionsfiguren entstehen kann. Die unter Ziffer 6 aufgeführte Diminutionsart, die im abgebildeten Beispiel nicht zu sehen ist, wurde hier nur der Vollständigkeit halber aufgeführt und ist bereits in einem anderen Zusammenhang erwähnt worden (siehe S. 32). Unter Ziffer 7 finden Sie eher seltene Erscheinungsformen, wie abspringende dissonante Nebennoten u. a., zusammengefasst.

Aufgaben 1–3
Analysieren Sie die Choräle 148 »Uns ist ein Kindlein heut geborn« (Aufgabe 1), 260 »Es ist gewißlich an der Zeit« (Aufgabe 2) sowie 8 »O Haupt voll Blut und Wunden« (Aufgabe 3) und erstellen Sie eine kleine Statistik in Bezug auf die Art der Diminutionsfiguren (berücksichtigen Sie dabei auch Diminutionen, die in der Choralmelodie vorkommen). Ihre Ergebnisse können Sie in einer Zahlenleiste festhalten und anhand des → Lösungsanhangs überprüfen.

Ein Beispiel: Der Choral 156 »Ach Gott, wie manches Leid« des 3. Satztyps hat 31 unbetonte und drei betonte Durchgänge, eine konsonierende Sprungbewegung, keine Vorhalte, zwei Wechselnoten, keine Antizipationen und zwei relativ seltene abspringende dissonante Nebennoten (als Zahlenleiste: 31-3-1-0-2-0-2).

Literatur: Walter Heimann: Der Generalbaß-Satz und seine Rolle in Bachs Choral-Satz, München 1973 (Freiburger Schriften zur Musikwissenschaft, 5), S. 172ff.

In meinem Unterricht habe ich die Erfahrung gemacht, dass nach Besprechung der Diminutionsachtel bei Studierenden oftmals der Eindruck entsteht, alle Formen der Verzierungen stünden gleichberechtigt nebeneinander und könnten bedenkenlos überall und jederzeit eingesetzt werden. Das Ergebnis ist dann in der Regel ein völlig überladener Satz, der eher Assoziationen an einen geschmückten »Pfingstochsen« als an einen Choral weckt. Das Einführen von Diminutionsfiguren im Choralsatz sollte stets Ausdruck Ihres musikalischen Gestaltungswillens sein (vermeiden Sie ein gedankenloses Ausprobieren von Möglichkeiten).

Für den Anfang ist es empfehlenswert, sich ganz bewusst zu beschränken, also nur mit unbetonten Durchgangsachteln zu arbeiten und erst nach und nach andere Möglichkeiten einzubeziehen (vgl. oben die Beschreibung des Chorals 156). Deswegen wurde die Nummerierung der Diminutionsachtel auch so gewählt, dass Sie mit den durch kleinere Ziffern bezeichneten Achteln schon sehr charakteristische Ergebnisse erzielen können, während z. B. ein

Übermaß der mit Ziffer 6 bezeichneten Antizipationen fast immer ein völlig stiluntypisches Ergebnis bewirken wird. Mit zunehmender Erfahrung und Kenntnis wird Ihnen Ihr Ohr sagen, ob eine bestimmte Verzierungsfigur passend ist oder eher nicht.

Bezeichnen Sie in dem Choral 292 »Was Gott tut, das ist wohlgetan«, der in unverzierter Form schon auf S. 104 harmonisch analysiert wurde, die originalen, von Johann Sebastian Bach komponierten Diminutionsachtel mit den Fachbegriffen der Diminutionstypen 1–7. Ihr Ergebnis können Sie anhand der Datei zur Aufgabe überprüfen.

Aufgabe
4

292

Wenn Sie in den ersten beiden Zeilen des Beispielchorals »Ermuntre dich, mein schwacher Geist« Diminutionsachtel ergänzen, ist das folgende Ergebnis denkbar (die Ziffern bezeichnen die Art der gewählten Diminutionsfiguren, in der Rhythmusleiste ist der durch die Achtel entstehende Gesamtrhythmus angegeben):

Richten Sie in dieser Aussetzung Ihre Aufmerksamkeit nun auf die durch den Kasten hervorgehobene Wendung. Hier schien im unverzierten Satz (vgl.

S. 106) die Führung der Mittelstimmen keine Möglichkeit für eine Durch-
gangsachtelbewegung zu lassen (Beispiel 1):

Beispiel 1   Beispiel 1a

Vergegenwärtigt man sich jedoch die Töne der zu verbindenden Dreiklänge
D- und G-Dur, so fällt auf, dass *d* und *h* sowie *fis* und *d* jeweils im Terzabstand zueinander stehen.

a
fis → *d*
d → *h*
    g

Wenn Sie diese Terzen für eine Achteldurchgangsbewegung nutzen, kommen
Sie zu einem G-Dur-Akkord mit Terzverdopplung (Beispiel 1a). Terzverdopp-
lungen können also Folge einer durch Diminutionsachtel hervorgerufenen
Stimmführung sein.

Außerdem könnten Sie die übermäßige Quarte *g-cis* (Beispiel 2) als Fragment
eines Dominantseptakkordes (*a-cis-e-g* in Sekundakkordlage) hören, dem eine
korrekte Auflösung in Form eines D-Dur-Sextakkordes folgt:

Beispiel 2   Beispiel 2a

Beispiel 2a zeigt, wie auch dieser Akkord durch Diminutionsachtel (Antizipa-
tion im Tenor und Durchgang im Alt) herbeigeführt werden kann. Versuchen
Sie sich in diesem Sinne auch die Diminutionsachtel der zweiten Choralzeile
(S. 117) zu erklären.

Welche Akkordtöne benachbarter Harmonien, die durch den Außenstimmen-satz der ersten zwei Zeilen des Chorals 334 »Es ist das Heil uns kommen her« skizziert werden, stehen zueinander in einem Terzabstand, der mit Durchgängen aufgefüllt werden könnte? (Beziehen Sie in Ihre Überlegungen auch die Choralmelodie mit ein.) Erstellen Sie gegebenenfalls als Hilfe ein »Tongitter«, in dem Sie alle Terzabstände zwischen benachbarten Akkord-tönen durch Striche kennzeichnen und dadurch besser kenntlich machen können:

Aufgabe
5

334

Tongitter zum Kennzeichnen der Terzabstände zwischen benachbarten Ak-kordtönen (für die ersten drei Akkorde sind die Durchgangsmöglichkeiten eingetragen):

Akkorde der 1. Choralzeile							Akkorde der 2. Choralzeile						
c	c	g	c	g	f	c	d	g	c	c	c	f	g	d	g
a	a	e	a	es	d	a	b	e	a	a	a	d	e	h	e
f	f	c	f	c	b	f	g	c	f	f	f	h	c	g	c

Arbeiten Sie für diesen Choral einen vierstimmigen Satz aus, in dem Sie möglichst viele Durchgänge berücksichtigen (auch die in Sopran und Bass möglichen), und vergleichen Sie Ihr Ergebnis mit dem Choral 334 von Johann Sebastian Bach.

Aufgabe
6

Ergänzen Sie in dem Beispielchoral »Ermuntre dich, mein schwacher Geist« ab der zweiten Fermate Diminutionsachtel, sodass ein homogener Choral-satz des 3. Satztyps entsteht. Vergleichen Sie Ihr Ergebnis mit der Datei zur Aufgabe.

Aufgabe
7

Studieren Sie nun abschließend zwei Aussetzungen von Bach zu der Choral-melodie »Ermuntre dich, mein schwacher Geist«.

Aufgaben
8–9

Drucken Sie sich die Datei der Aufgabe 10 als Arbeitsbogen aus und ergänzen Sie in den gegebenen Choralzeilen Diminutionsachtel, sodass ein durchgehen-

Aufgaben
10–11

der Achtelrhythmus entsteht (Satztyp 2 oder 3). Vergleichen Sie anschließend Ihr Ergebnis mit den originalen Choralzeilen von Bach (96 »Jesu meine Freude«, Aufgabe 11).

Aufgaben 12–17

Reduzieren Sie die Choräle 240 »Nun sich der Tag geendet hat« (Aufgabe 12), 190 »Herr, nun laß in Friede« (Aufgabe 13) sowie 87 »O Haupt voll Blut und Wunden« (Aufgabe 14) um die Diminutionsachtel, sodass ein unverzierter Satz entsteht. Vergleichen Sie Ihre Ergebnisse mit den Dateien der Aufgaben 15–17.

Aufgaben 18–20

Analysieren Sie die Choräle 26 »O Ewigkeit, du Donnerwort« (Aufgabe 18), 66 »Wer nur den lieben Gott läßt walten« (Aufgabe 19) und 80 »Christus, der uns selig macht« (Aufgabe 20) in Bezug auf den rhythmischen Verlauf. Erstellen Sie hierzu Rhythmuszeilen für den Gesamtrhythmus und sprechen Sie diese laut, während Sie den Viertelpuls klatschen oder mit dem Fuß markieren.

Aufgaben 21–22

Fügen Sie in den folgenden Satz der ersten beiden Zeilen aus »Was mein Gott will, das gscheh allzeit« (115) Diminutionsachtel ein, sodass jeweils einer der angegebenen Gesamtrhythmen (a–c) entsteht. Verwenden Sie dabei ausschließlich Durchgangsachtel (Typen 1 + 2) und ändern Sie gegebenenfalls die Mittelstimmenführung, um Durchgangsachtel zu ermöglichen. Vergleichen Sie abschließend Ihre Ergebnisse mit der Datei der Aufgabe 22.

115

Führen Sie Ihre bisherige Arbeit (siehe S. 107) an dem Beispielchoral »Machs mit mir, Gott, nach deiner Güt« fort, indem Sie – soweit sinnvoll – Diminutionsachtel ergänzen:

Aufgabe
23

Studieren Sie zu der Choralmelodie »Machs mit mir, Gott, nach deiner Güt« (44 und 309) abschließend die Aussetzungen von Bach bzw. der in seinem Namen überlieferten Sätze. Vergleichen Sie die Sätze Bachs mit Ihrer eigenen Arbeit insbesondere im Hinblick auf die folgenden Punkte:

Aufgaben
24–25

1. Kadenzgestaltung
2. Außenstimmensatz und Harmonik
3. Mittelstimmenführung und Rhythmik

Komplettieren Sie den Außenstimmensatz des Chorals »Herzliebster Jesu, was hast du verbrochen« (111) durch Mittelstimmen zum vierstimmigen Satz, sodass ein schlichter Choral (Satztyp 1) entsteht (Aufgabe 26). Vergleichen Sie Ihre Arbeit mit dem verborgenen Notentext. Diminuieren Sie anschließend die Bassstimme – mit Ausnahme der Zeilenanfänge und -schlüsse – zu einer durchlaufenden Achtelbewegung (Satztyp 2) und vergleichen Sie Ihre Aussetzung mit derjenigen Bachs (Aufgabe 27).

Aufgaben
26–27

111

Aufgabe 28

Arbeiten Sie einen neuen Choralsatz zur Melodie »Herzliebster Jesu, was hast Du verbrochen« aus. Transponieren Sie hierzu die Choralmelodie nach g-Moll und erstellen Sie einen Choralsatz des 3. Satztyps. Konzipieren Sie hierzu wenn nötig auch die Bassstimme neu. Vergleichen Sie Ihr Ergebnis abschließend mit dem in der Datei befindlichen Choral aus der »Johannespassion« (58).

In den nächsten Aufgaben befassen wir uns mit klanglichen Feinheiten, wie sie durch eine sehr differenzierte Mittelstimmenführung erreicht werden können. Da es bei der Wahrnehmung dieser Nuancen um eine Schulung Ihres Hörvermögens geht, sollten Sie die jeweiligen Notenbeispiele vor dem Studium unbedingt mehrmals und langsam am Klavier durchspielen bzw. sich notfalls die jeweiligen Dateien wiederholt anhören.

Aufgabe 29

Im Folgenden sind zwei vierstimmige Aussetzungen der 4. Zeile des Chorals 303 »Auf meinen lieben Gott« abgebildet. Die Aussetzung links (Beispiel 1) zeigt, wie durch die zu Beginn gewählte weite Lage nur schwer zu vermeidende Stimmführungsprobleme (die markierten Oktavparallelen zwischen Sopran und Tenor) auftreten. An dem Satz von Bach (Beispiel 2) können Sie sehen, wie diese Parallelen durch eine Stimmkreuzung zwischen Alt und Tenor umgangen werden können:

303

Aufgabe 30

Studieren Sie auch die beiden folgenden Möglichkeiten, die erste Zeile des Chorals »Eins ist not! ach Herr, dies Eine« auszusetzen. Das linke Beispiel zeigt eine unverzierte Ausarbeitung (Satztyp 1), während im Satz Bachs rechts eine sehr klangschöne und charakteristische Mittelstimmenbewegung (280)

zu sehen ist: Ab dem dritten Viertel verlaufen jeweils zwei Durchgangsachtel-
bewegungen in parallelen Terzen, wobei die Bewegung zwischen Tenor und
Bass (wie häufig) um ein Viertel versetzt beginnt und endet:

280

Auch Stimmkreuzungen können ein Mittel sein, um Raum für Durchgangsbewegungen zu schaffen. Im Vergleich der beiden Aussetzungen unten sehen
Sie, wie Bach (rechts) durch Stimmkreuzungen für beide Mittelstimmen Durch-
gangsnoten ermöglicht:

Aufgabe
31

122

Der linke der beiden nachstehenden Sätze zeigt eine klangschöne Aussetzung
der 3. Zeile des Chorals »Was mein Gott will das gscheh allzeit« (3. Satztyps).
An der gleichen Zeile im rechten Beispiel können Sie sehen, wie Bach durch
geschickte Mittelstimmenausarbeitung eine 7-6-Synkope (3. Zählzeit, 1. Achtel)
und einen Terzquartakkord (3. Zählzeit, 2. Achtel) herbeiführt.

Aufgabe
32

BWV 72.5

Vergleichen Sie abschließend auch die folgenden Ausarbeitungen der gleichen
Choralzeile: Der erste Satz zeigt eine einfache Aussetzung, wobei Terzabstände
zwischen benachbarten Gerüstnoten für Durchgänge genutzt wurden (Alt
und Bass).

Aufgabe
33

Kommentar: Im ersten Takt sehen Sie zwischen Sopran und Alt eine Quintparallele (vermindert–rein), die gerade zwischen diesen beiden Stimmen unter
bestimmten Voraussetzungen als normal anzusehen ist. Mehr über Quintparallelen in Choralsätzen Bachs können Sie auf S. 151f. erfahren.

Im zweiten Satz dagegen ist die Bewegung reicher: Eine zusätzliche Möglichkeit für Durchgangsbewegungen wurde durch Stimmkreuzung (Alt/Tenor)
geschaffen, und die gleichförmige Durchgangsbewegung des Altes ist auf
der Takteins des zweiten Taktes durch eine 7-6-Synkope auf Achtelebene
ersetzt worden. Achten Sie bei der Septimauflösung des Altes auch auf die
Ausweichbewegung des Tenors, der sein *d'* verlässt, um die Septimauflösung *e'* des Altes nicht zu behindern:

Und wieder zeigt die Lösung Bachs (Kantate 146) gegenüber den ersten beiden
Möglichkeiten eine kunstvolle Steigerung. Durch Stimmkreuzung gelingt Bach
auf engstem Raum eine beinahe polyphon wirkende Mittelstimmenführung:
Der Tenor beginnt mit einem auffälligen Motiv (großer Sprung aufwärts und
Tonleiterbewegung abwärts), das anschließend vom Alt imitiert wird:

BWV 146.8
(R 360)

Aufgabe
34   Lernen Sie weitere Diminutionsmöglichkeiten kennen, indem Sie den Abschnitt »Dissonanzregeln« auf S. 89f. studieren bzw. wiederholen.

Ergänzen Sie in dem oben dargelegten Sinne Diminutionsachtel in den Choral- Aufgaben
sätzen 101 »Herr Christ, der ein'ge Gottes Sohn« (Aufgabe 35), 47 »Vater 35–40
unser im Himmelreich« (Aufgabe 36) und 281 »Wo soll ich fliehen hin« (Aufgabe 37), sodass der jeweils angegebene Gesamtrhythmus (siehe die Rhyth-
muszeile) entsteht. Vergleichen Sie anschließend Ihr Ergebnis mit den originalen Aussetzungen (Aufgaben 38–40).

Zusammenfassung

1. Konzipieren Sie einen Gesamtrhythmus für alle Stimmen der einzelnen
   Choralzeilen.
2. Ergänzen Sie im Sinne dieser Rhythmen Diminutionsachtel.
3. Verändern Sie gegebenenfalls die Mittelstimmen, um Raum für Durchgangsbewegungen zu schaffen.
4. Versuchen Sie, auch zwischen den Zählzeiten harmonisch sinnvolle Er-
   eignisse herbeizuführen.

8. Außergewöhnliche Wendungen

In diesem Kapitel möchte ich Sie auf Choralstellen hinweisen, die auf irgend-
eine Weise außergewöhnlich oder besonders klangschön sind. Oftmals sind
es gerade diese ungewöhnlichen Formulierungen, die einer Stilkopie den
letzten Schliff geben.

Diminutionen

Auf S. 118 wurde bereits gezeigt, wie durch die Kombination mehrerer Diminutionen auch zwischen den Zählzeiten sinnvolle Harmonien bzw. besonders
elegante harmonische Verbindungen entstehen können. Gerade dieses Verfahren ist ein charakteristisches Kennzeichen für die Choräle des 3. Satztyps
bei Johann Sebastian Bach: Er arbeitet einfache satztechnische Wendungen
bis in die Achtelebene hinein kunstvoll aus und bringt diese in einen übergeordneten formalen Zusammenhang.

Im folgenden Beispiel sehen Sie die Haupt- bzw. Gerüstnoten von Sopran
und Bass der dritten Zeile des Chorals »Herzliebster Jesu, was hast du verbrochen«:

111

Die Zeile beginnt mit einem a-Moll-Akkord und endet mit einem Halbschluss
in d-Moll. Das Zeileninnere lässt sich auf den schweren Taktzeiten ausschließ-

lich mit Hilfe der 2. Regel (6-3-Bassbewegung zum Terzfall in der Melodie, siehe S. 79) beschreiben, wobei die leichten Zeiten in der Melodie als Durchgänge, Lagenwechsel oder Tonwiederholung interpretiert werden. Was Bach nun in der weiteren Ausarbeitung an klanglichen Feinheiten herbeizaubert, macht staunen:

Umspielung des e-Moll-Klanges
(Wechsel von Grund- und Sextakkord
mit Durchgängen)

I–II–V–I-Kadenz
in e-Moll

Über die Wechselnote f im Bass
und den D⁷-Akkord Wendung
nach d-Moll

1. Im ersten Takt ergänzt Bach innerhalb von nur zwei Vierteln eine vollständige I-II-V-I-Kadenz in e-Moll und verleiht damit für kurze Zeit dieser Tonart ein größeres Gewicht.
2. Die Wechselnote *f* im Bass (im zweiten Takt, statt *fis*) und vor allem das gleichzeitige Erklingen der Töne *cis* (Alt) und *b* (Tenor) bewirken eine Wendung nach d-Moll, wobei die e-Stufe im Nachhinein als II. Stufe dieser Tonart verstanden werden kann.

Markieren Sie in dem Choral 163 »Für Freuden laßt uns springen« drei I-II-V-I-Kadenzen auf der Ebene der Diminutions-Achtel und überprüfen Sie Ihr Ergebnis anhand der Datei der Aufgabe 2.

Aufgaben
1–2

Trugschlüsse

Auch im Choral 86 »Du, o schönes Weltgebäude« sehen Sie auf der Ebene der Diminutions-Achtel eine ausgearbeitete Kadenz. Sie bewirkt durch einen → Trugschluss die Verlängerung bzw. → Prolongation der c-Moll-Schlusskadenz:

Aufgabe
3
Prolongationen von Kadenzen durch einen Trugschluss können Sie auch auf Viertel-Ebene entdecken. Studieren Sie hierzu die entsprechenden Zeilen der Choräle 3 »Ach Gott, vom Himmel sieh' darein«, 303 »Auf meinen lieben Gott« und 126 »Durch Adams Fall ist ganz verderbt« in der Datei zur Aufgabe.

Aufgabe
4
Arbeiten Sie zu den folgenden Choralzeilenschlüssen Trugschlusskadenzen auf Diminutions-Ebene aus. Orientieren Sie sich hierzu an der oben besprochenen Aussetzung von Johann Sebastian Bach und vergleichen Sie Ihre Ergebnisse mit den Lösungsvorschlägen zu dieser Aufgabe.

»Valet will ich dir geben« (2. Zeile)

108

»Herzlich lieb hab ich dich, o Herr« (7. Zeile)

56

»Allein zu dir, Herr Jesu Christ« (1. Zeile)

13

Verminderte Septakkorde

Vergegenwärtigen Sie sich noch einmal die auf S. 127 wiedergegebene Zeile des Chorals 111 »Herzliebster Jesu, was hast du verbrochen«, dieses Mal jedoch besonders den zweiten Teil bzw. die modulatorische Wendung nach

d-Moll. Um diese besser verstehen zu können, sollten Sie zuerst den folgenden Außenstimmensatz betrachten, der eine harmonische Füllung C-Dur/
F-Dur nahe legt:

Den gleichen Außenstimmensatz komponiert Bach in seinem Choral 180 »Als
Jesus Christus in der Nacht«, wobei er als Alternative zu dem abschließenden
F-Dur-Akkord einen d-Moll-Sextakkord wählt, der auf den weiteren Verlauf
der Zeile abgestimmt ist. Die Tonart d-Moll wird vermittelt durch einen zu
Bachs Zeiten bedeutenden Klang: den verminderten Septakkord.

180

(D^v) / d-Moll

Soll der verminderte Septakkord statt in den Sextakkord in einen Grundakkord führen, so ist es üblich, den verminderten Klang um einen dominantischen Quintsextakkord zu prolongieren:

(D^v) / (D^7) / d-Moll   (D^v) / (D- D^7) / d-Moll

(D^v) / d-Moll   (D^v) (D) / d-Moll

Untersuchen Sie unter diesem Aspekt zwei Außenstimmensätze und deren
Ausarbeitungen in den Chorälen 274 »O Ewigkeit, du Donnerwort« und 128
»Alles ist an Gottes Segen«:

Aufgabe
5

274

128

Der verminderte Septakkord ersetzt hier auf Viertel-Ebene die II. Stufe einer Binnenkadenz in Moll:

II   V   I   II   V   I

Aufgabe
6

Untersuchen Sie aus der Perspektive »verminderter Septakkord« noch einmal die dritte Zeile des Chorals 111 »Herzliebster Jesu, was hast du verbrochen« (S. 127) und verändern Sie sie, indem Sie den nach d-Moll führenden verminderten Septakkord durch eine reguläre II. Stufe ersetzen. Vergleichen Sie Ihre Arbeit anschließend mit der Datei zur Aufgabe.

Diese musikalischen Formulierungen, die den verminderten Septakkord über eine Prolongation in einen Grundakkord führen, enden mit einem Mollakkord in Terzlage. Mollakkorde kommen in einer Durtonart auf der II., III. und VI. Stufe und in einer Molltonart auf der I., IV. und V. Stufe (natürlich) vor, sodass Sie die verminderte Septakkordwendung innerhalb des Tonmaterials der C-Dur/a-Moll-Skala an den folgenden Positionen verwenden können:

Schlussklang e-Moll-Terzlage
III. Stufe Dur / V. Stufe Moll

Schlussklang a-Moll-Terzlage
VI. Stufe Dur / I. Stufe Moll

Schlussklang d-Moll-Terzlage
II. Stufe Dur / IV. Stufe Moll

Arbeiten Sie an den entsprechenden Stellen einer D-Dur/h-Moll-Skala und einer B-Dur/g-Moll-Skala die Wendungen mit dem verminderten Septakkord aus.

Aufgaben 7–8

Im Zusammenhang mit Kadenzen wurde der verminderte Septakkord bereits auf S. 38 und 92 angesprochen. Er steht hier als Signal vor der Dominant-station der Kadenz (Doppeldominante):

»Befiehl du deine Wege«   »Ermuntre dich, mein schwacher Geist«

339
9

»Valet will ich dir geben«   »Vater unser im Himmelreich«

24
47

... du arge, falsche Welt

Auch als Zwischendominante (siehe »Valet will ich dir geben«) sowie inner-halb außergewöhnlicher plagaler Ganzschlusswendungen (IV-I) können Sie gelegentlich den verminderten Septakkord antreffen (vgl. S. 95):

»Ich ruf zu dir, Herr Jesu Christ«   »Ach Gott und Herr«

71
279

... bitt', erhör' mein Klagen   ... daß Straf und Pein

An dieser Stelle muss jedoch sofort angemerkt werden, dass der verminderte Septakkord im 18. Jahrhundert ein außergewöhnlich expressiver Klang war und deshalb gern zur Textausdeutung eingesetzt wurde. Mehr dazu erfahren Sie auf S. 139.

Übermäßige Dreiklänge

Bachs Verwendung eines weiteren ungewöhnlichen Akkordes, des übermäßigen Dreiklangs, können Sie in den folgenden Beispielen studieren:

»Das alte Jahr vergangen ist«   »Es stehn vor Gottes Throne«

162
166

Auffällig ist, dass trotz unterschiedlicher klanglicher Nuancen in beiden Fällen

1. melodisch die Oberstimmen identisch sind (Halbtonschritt aufwärts, anschließend Halb- und Ganztonschritt abwärts) und
2. harmonisch eine Dominante prolongiert wird. Der Spitzenton und Wendepunkt der melodischen Bewegung ist dabei als ausdrucksvoller Sextvorhalt in der Dominantharmonie aufzufassen.

Folgende Tonleiterausschnitte bieten die Möglichkeit, die übermäßigen Dreiklangswendungen anzubringen: 2-3-2-1 und 5-6-5-4 in Moll sowie 3-4-3-2

und 7-8-7-6 in Dur (also immer ausgehend von denjenigen Stufen, die eine
kleine Sekunde als obere Wechselnote haben), z. B. in g-Moll/B-Dur:

Arbeiten Sie die folgenden Choralzeilen vierstimmig aus und üben Sie sich
darin, in jeder Zeile die besprochene dominantische Prolongation mit dem
übermäßigen Dreiklang zu platzieren, z. B. in der 3. Zeile des Chorals »Allein
Gott in der Höh sei Ehr«:

Aufgabe
9

1. »Ermuntre dich, mein schwacher Geist« (2. Zeile)

2. »Ich dank dir, lieber Herre« (6. Zeile)

3. »Meine Seele erhebt den Herren« (1. Zeile)

4. »Von Gott will ich nicht lassen« (5. Zeile)

5. »Herr Jesu Christ, wahr' Mensch und Gott« (4. Zeile)

Aufgabe 9a Studieren Sie die Psalmen 25 »Nach dir verlangt mich« und 48 »Groß ist der Herr« in Bezug auf das Vorkommen übermäßiger Dreiklänge.

Die beiden folgenden musikalischen Besonderheiten, die in diesem Kapitel noch behandelt werden sollen, klingen nicht so spektakulär wie die bisher besprochenen Wendungen mit dem verminderten Septakkord bzw. dem übermäßigen Dreiklang. Dennoch sind auch sie für den Klang Bach'scher Choralsätze sehr charakteristisch.

Stimmenabstände

Auf S. 104f. wurde die Regel formuliert, dass zwischen zwei der drei oberen Stimmen der Abstand eines Sextintervalls nicht grundlos überschritten werden sollte. Nun finden sich jedoch bei Bach Stellen, die dieser Regel ohne sichtbaren Grund zuwiderlaufen, obwohl eine regelkonforme Aussetzung möglich gewesen wäre:

50

»Reguläre« Aussetzung   Bach-Choral

Das linke Beispiel zeigt eine »reguläre« Aussetzung, während im rechten an der gekennzeichneten Stelle zwischen Alt und Tenor sogar der Abstand einer

Dezime erreicht wird. Von einem Chor gesungen klingt die tief liegende Terz der Männerstimmen zur frei liegenden Dissonanz der Oberstimmen sehr gut, aber es ist schwer zu erklären, warum ein so großer Abstand in dieser Form angenehm, in anderen Fällen jedoch mangelhaft wirkt. Es ist auffällig, dass Abstände von über einer Oktave oft mit einer Parallelführung von Sopran/Alt auf der einen und Tenor/Bass auf der anderen Seite einhergehen. Indem die Stimmen sich erst auseinander bewegen und dann zur Kadenz wieder zusammenlaufen, beschreiben sie eine Art Kreisbewegung – vielleicht ein Grund für die besondere Wirkung solcher Stellen.

Untersuchen Sie die Choralsätze 48, 119, 69 und 62 im Hinblick auf außergewöhnlich große Stimmenabstände. Schreiben Sie die entsprechenden Stellen anschließend so um, dass der reguläre Abstand eines Sextintervalls zwischen Sopran, Alt und Tenor nicht mehr überschritten wird, und vergleichen Sie Ihre Ergebnisse mit der Datei zur Aufgabe 14. Versuchen Sie abschließend die klanglichen Differenzen, die zwischen Ihren Arbeiten und den originalen Aussetzungen bestehen, in Worte zu fassen.

Aufgaben
10–14

Archaische Kadenzen

Der besondere Reiz der folgenden Schlusswendungen liegt darin, dass sie gemessen an den vorhergehenden Beispielen altertümlich wirken. Gleichzeitig muss man feststellen, dass das moderne musiktheoretische Vokabular nicht in der Lage ist, diese Schlusswendungen angemessen und verständlich zu beschreiben, so z. B. an der ersten Zeilenkadenz des Chorals »Wenn mein Stündlein vorhanden ist«:

350

Die erste Zeile schließt mit den Akkorden A-Dur und D-Dur. Durch den Achteldurchgang *g* im Tenor und die metrische Stellung des A-Dur-Akkordes liegt es nahe, ihn als Dominantseptakkord und die gekennzeichnete Klangfolge A-Dur/D-Dur als Dominante-Tonika-Verbindung zu interpretieren. Da in diesem Fall die Terz der Dominante *cis* jedoch ein Leitton wäre, verwundert sein Abspringen im Sopran, denn abspringende Leittöne werden von Bach seit 1723 im Tenor oder Alt um eines vollständigen Schlussklanges willen (siehe S. 40) zwar bevorzugt, nicht aber in den Außenstimmen, wo sie sehr auffällig bzw. besonders deutlich zu hören sind. Im oben abgebildeten Beispiel erstaunt der abspringende Leitton im Sopran umso mehr, als eine alternative Zeilengestaltung mit einer fis-Moll-Altklauselkadenz denkbar gewesen wäre:

Gegen diese alternative Harmonisierung lässt sich auch nicht einwenden, dass in einem A-Dur-Choral die Tonart fis-Moll/die VI. Stufe eine für die ersten beiden Zeilen unübliche Nebenstufe ist, denn auch der D-Dur-Schluss bzw. die IV. Stufe zählte im 18. Jahrhundert nicht zu den bevorzugten Haupttonarten (vgl. S. 65f.).

Die »archaische« Kadenz mit abspringendem Leitton lässt sich auch als »angehängte Subdominante« interpretieren, eine Erklärung, die sich z. B. für die 5. Zeile des Chorals »Nun lob, mein Seel, den Herren« anbietet:

268

| II | V | I | (D^7) | IV |

In diesem Beispiel ist das gleiche Phänomen wie in der 1. Zeile des Chorals »Wenn mein Stündlein vorhanden ist« zu beobachten: ein abspringender Leitton (Terz des Dominantseptakkordes) in der Melodie. Jedoch klingt hier wegen der mustergültigen C-Dur-Kadenz zur Takteins die Septime *b* wie ein unerwarteter Durchgang auf leichter Zeit und damit der F-Dur-Schlussklang wie eine »angehängte Subdominante«.

Weitere Rätsel gibt die folgende Aussetzung der 4. Zeile des Chorals »Warum betrübst du dich, mein Herz« auf:

299

(D⁷)   IV   II   V   I

Hier würde sich – die Richtigkeit unserer heutigen Theoriebildung vorausgesetzt – zu dem Regelverstoß des abspringenden Leittons in der Oberstimme noch ein weiterer satztechnischer Fehler gesellen: das Verbot der Leittonverdopplung. Zugleich ist aufgrund des harmonischen Verlaufs auch die Interpretation der »angehängten Subdominante« nicht möglich.

Ein angemessenes Verständnis dieses Kadenztyps bleibt heute schwierig, zumal nicht ausgeschlossen werden kann, dass Bach, als er diese Kadenzart schrieb, von älteren Kompositionstraditionen stark beeinflusst wurde. So hatten bereits Lucas Osiander (1586), Michael Praetorius (1609) und ein Jahr vor Bach auch Georg Philipp Telemann (1730) am zweiten Zeilenschluss in der Melodie des Chorals »Nun komm, der Heiden Heiland« den »archaischen« Kadenztyp komponiert:

Setzen Sie die »archaische« Kadenz an den gekennzeichneten Stellen der Choralmelodien 28 »Nun komm der Heiden Heiland«, »Laß dein Engel mit mir fahren« aus der Kantate BWV 19, 11 »Jesu, nun sei gepreiset«, 36 »Nun bitten wir den Heiligen Geist« und 14 »O Herre Gott, dein göttlich Wort« aus. Schreiben Sie anschließend an den in den Dateien gegebenen Zeilenschlüssen Kadenzen, in denen der Terzsprung als Altklauselkadenz in die Terz eines Mollakkordes führt. Überprüfen Sie Ihre Lösungen zum einen, indem Sie den verborgenen Notentext sichtbar machen, und zum anderen durch ein Studium der Sätze Bachs.

Aufgaben 15–19

Für Spezialisten

Zum Schluss noch ein kleines Bonbon: Eine abwechslungsreiche Gestaltung der letzten Zeile des Chorals »Wir Christenleut'« ist wegen ihres schlichten Verlaufs und der zahlreichen Tonwiederholungen für jeden Tonsetzer eine echte Herausforderung:

Aufgaben 20–22

Versuchen Sie sich an einer vierstimmigen Aussetzung der Zeile und vergleichen Sie Ihr Ergebnis anschließend mit den drei außergewöhnlichen, klangschönen Sätzen Bachs (57, 320 und 359), deren Notentexte Sie in den Dateien zur Aufgabe finden.

Zusammenfassung

Besondere Vokabeln:
1. Trugschlussprolongationen auf der Ebene von Vierteln und Achteln.
2. Verminderter Septakkord (harmonisch in Dur zur III., II. und VI., in Moll zur natürlichen V., IV. und I. Stufe möglich).
3. Übermäßiger Dreiklang (zur Melodiewendung in Dur 3-4-3-2 und 7-8-7-6, in Moll 5-6-5-4 und 2-3-2-1 möglich).
4. Große Stimmenabstände (werden in der Regel durch ein Auseinander- und wieder Zusammenlaufen der Stimmen charakterisiert).
5. Harmonisierung eines abspringenden Leittons im Sopran durch die »archaische« Kadenz.

9. Text und Musik

Grundfragen

In allen bisherigen Kapiteln haben Sie sich mit Fragen der musikalischen Grammatik beschäftigt, d. h. mit Fragen wie: »Wann klingt eine musikalische Wendung richtig?«, »Wie kann ich verschiedene Wendungen sinnvoll verbinden?«, »Wie gestalte ich einen Abschnitt schlüssig, wie eine ganze Zeile?« usw. Dabei wurde bisher bewusst eine Frage nicht gestellt, nämlich die, in welchem Verhältnis der Tonsatz zum vertonten Textinhalt steht. Um sich dieser Frage zu nähern, ist es hilfreich, sich die drei prinzipiellen Möglichkeiten zu vergegenwärtigen, die sich einem Komponisten bei der Textvertonung bieten:

1. Möglichkeit
Textinhalt und musikalischer Ausdruck entsprechen einander, d. h. die Musik veranschaulicht und verdeutlicht den Text.

2. Möglichkeit
Textinhalt und musikalischer Ausdruck widersprechen einander, d. h. die Musik ergänzt oder interpretiert den Text.

3. Möglichkeit
Textinhalt und musikalischer Ausdruck lassen sich nicht zwingend aufeinander beziehen, eine inhaltsbezogene Interpretationen der musikalischen Vorgänge erscheint nicht möglich oder willkürlich.

In den Sprachvertonungen des 18. Jahrhunderts wird man ohne Zweifel der ersten Möglichkeit besonders häufig begegnen, denn ein guter Komponist in dieser Zeit betrachtete es als seine selbstverständliche Aufgabe, die Bedeutung eines Textes in Musik zu setzen. Der mit Bach befreundete Komponist und Musiktheoretiker Johann Gottfried Walther äußert sich hierzu (Praecepta, 1708):

»Von dem Texte

§1   *Wenn ein Componist etwas mit einem text componieren will, muß er nicht nur die gantze Meinung deßselben, sondern auch die Bedeutung und Nachdruck eines jeglichen Wortes absonderlich verstehen.*

§2   *Die Worte soll der Componist so schicklich mit den Sonis [Tönen] vereinigen, daß die Soni eben dieses auszudrücken scheinen, was die Worte bedeuten.«*

Für einen christlich-religiösen Komponisten jener Zeit war aber auch die 2., »dialektische« Möglichkeit zur Textvertonung bedeutsam, denn aufgrund der Überzeugung, dass für irdisches Leiden jenseitige Freuden winken bzw. für weltliche Laster und Vergnügungen himmlische Bestrafung droht, konnte es sinnvoll sein, den musikalischen Charakter im auffälligen Kontrast zum Textinhalt zu wählen. In diesem Fall unterstreicht Musik nicht den Textinhalt, sondern sie kommentiert bzw. interpretiert ihn.

Ganz allgemein sollte man sich im Falle der Choräle Johann Sebastian Bachs auch vor Augen halten, dass »Choralsatz« keine eigenständige Gattung bezeichnet. Zwar wurden schon im 18. Jahrhundert Choräle aus didaktischen Gründen in Sammlungen publiziert, doch die meisten Choräle sind als Teil eines größeren kompositorischen Zusammenhangs konzipiert worden, z. B. als Abschluss einer Kantate oder als Zwischensatz einer Passion. Aus diesem Grunde sind manchmal sogar konkrete technische Details wie z. B. Fragen der Harmonisierung erst unter Berücksichtigung des originalen Kompositionszusammenhangs angemessen zu verstehen.

Ein Beispiel dafür: Der Beginn des Chorals 10 »Aus tiefer Not schrei ich zu dir« ist berühmt wegen seines Beginns mit einer frei einsetzenden Septimdissonanz im Bass. In der Tat ist dieser Anfang eines Chorals einzigartig und könnte Assoziationen an den ersten Satz der Sinfonie Nr. 1 von Ludwig van Beethoven hervorrufen, die auch mit einem Dominantseptakkord beginnt. Doch diese beiden Anfänge haben nur auf den ersten Blick etwas miteinander gemein, denn bei Beethoven erklingt der Dominantseptakkord wirklich unvermittelt als erster Akkord eines ganzen Werkes, während bei Bach der besagte Choral den Abschluss einer mehrsätzigen Kantate (Nr. 38 »Aus tiefer Not schrei ich zu dir«) bildet. Hier geht dem Choralbeginn ein d-Moll-Terzett voraus, das im Continuo mit dem gleichen d endet, mit dem anschließend der Bass beginnt:

BWV 38/6 »Aus tiefer Not schrei ich zu dir«

10

Unter Berücksichtigung des originalen Kompositionszusammenhangs ist es also unangemessen, von einem unvermittelten Einsatz der Septime *d* des dominantischen E-Dur-Akkordes zu sprechen, im Gegenteil: Diese Dissonanz müsste man – satzübergreifend betrachtet – sogar als korrekt vorbereitet bezeichnen.

Die »Fehler« des Meisters

In dem Kapitel »Außergewöhnliche Wendungen« (S. 126ff.) haben Sie attraktive musikalische Vokabeln wie den verminderten Septakkord und den übermäßigen Dreiklang in ihrer satztechnischen Funktion kennen gelernt – Vokabeln, denen zu Bachs Zeiten oftmals nicht nur eine grammatische, sondern auch eine semantische Funktion, eine außermusikalische Bedeutung zugesprochen wurde.

Studieren Sie hörend die Zeile »Ob gleich Sünd und Hölle schrecken« der 2. Strophe des Kirchenliedes »Jesu meine Freude« (Johann Franck, 1653). Bach wählte diese Strophe für seinen Schlusschoral der Kantate »Jesus schläft, was soll ich hoffen« (BWV 81), die für den 4. Sonntag nach Epiphanias (30. Januar 1724) komponiert worden ist. Sie sehen links in den Noten eine »reguläre« Aussetzung der besagten Choralzeile und rechts die Vertonung durch Bach:

Aufgabe
1

»Reguläre« Aussetzung   Aussetzung Bachs

323

ob gleich Sünd und Höl -le schre - cken

Im Vergleich mit der »regulären« Aussetzung links fallen in der Vertonung Bachs die beiden markierten Akkorde auf: der übermäßige Dreiklang und der verminderte Septakkord. (Die Wahl dieser Akkorde ist im Hinblick auf die Melodie nicht besonders nahe liegend und beim übermäßigen Dreiklang sogar mit satztechnischen Schwierigkeiten verbunden: Durch die feststehende Choralmelodie kann der Sextvorhalt nicht aufgelöst werden, vgl. S. 132.) Bachs Entscheidung wird jedoch plausibel, wenn man sich die Worte vergegenwärtigt, die zu diesen beiden Akkorden gesungen werden: »Sünd« und »Hölle«. Die Aussetzung der Zeile lässt also eine bewusst kunstvolle Abweichung von der Norm erkennen, mit der Bach die negativen Wortbedeutungen symbolisiert hat.

Aufgabe 2

Hören Sie sich Norm und Abweichung in der 3. Zeile des Chorals 89 »Wenn ich einmal soll scheiden« an. Die rechte Aussetzung entstammt der Matthäuspassion und wird dort zur Strophe »Wenn ich einmal soll scheiden« (in a-Moll) gesungen:

89

Im Vergleich der beiden Tonsätze fällt auf, dass Bach diesmal nicht ein spezielles Wort durch einen außergewöhnlichen Akkord vertont, sondern dass er den Textinhalt auf die gesamte Zeilenharmonisierung bezieht, bei der einem wirklich Angst und Bange werden kann. Die »grauenvolle« Bassführung zum Beispiel: verminderter Quintsprung abwärts, orientierungsloses chromatisches Kreisen, ein nur durch den Ton *e* vermittelter enharmonischer Konflikt zwischen *dis* und *es*. Oder die »falsche« Kadenz, die den abschließenden C-Dur-Akkord wie einen Halbschluss in der Tonart f-Moll klingen lässt! Ohne Text müssten all diese Merkmale als satztechnische Fehler bezeichnet werden, im Hinblick auf die Textaussage aber sind sie nicht Verfehlungen aus Unfähigkeit, sondern »Fehler« eines Meisters, der sein Können in den Dienst der Textaussage gestellt hat.

Heute werden unter dem Stichwort »Figurenlehre« alle jene, im dogmatischen Sinne »verbotenen« musikalischen Wendungen zusammengefasst, die im Laufe des 16.–18. Jahrhunderts als Mittel zur Textausdeutung bei Komponisten beliebt waren und dadurch zu kompositorischen Standards geworden sind.

Literatur: Christoph Bernhard: Tractatus compositionis augmentatus und Ausführlicher Bericht vom Gebrauche der Con- und Dissonantien, hrsg. von Joseph Müller-Blattau als: Die Kompositionslehre Heinrich Schützens in der Fassung seines Schülers Christoph Bernhard, Leipzig 1926, Taschenbuch-Reprint Kassel [3]1999; Dietrich Bartel: Handbuch der musikalischen Figurenlehre, Laaber [3]1997; Hans-Heinrich Unger: Die Beziehungen zwischen Musik und Rhetorik im 16.–18. Jahrhundert, Würzburg 1941 (= Musik und Geistesgeschichte IV), Nachdruck Hildesheim [6]2000; Rolf Dammann: Der Musikbegriff im deutschen Barock, Köln 1967; Werner Breig: Grundzüge einer Geschichte von Bachs vierstimmigem Choralsatz, in: Archiv für Musikwissenschaft 45 (1988), S. 165–185 und 300–319.

Der Schlusschoral der Kantate »Es reißet euch ein schreckliches Ende« BWV 90 (267) kann als ein ganz außergewöhnliches Beispiel für Textausdeutung angesehen werden. Die reizvolle Harmonisierung wird besonders deutlich, wenn man sich eine »reguläre« Aussetzung der letzten zwei Zeilen vor Augen hält:

Aufgabe
3

Nachdem im Verlauf der Kantate die Sündhaftigkeit des Menschen ausgiebig besungen worden ist, inspirierte die im Text abschließend geäußerte Bitte »verleih' ein sel'ges Stündelein« Bach offensichtlich zu einer gewagten Harmonisierung. Er veranschaulicht das Entrückt-Sein von dieser Welt in der letzten seligen Stunde, indem er durch einen entlegenen Trugschluss die vorletzte Kadenz der Grundtonart d-Moll buchstäblich »entrückt«, denn ein Des-Dur-Akkord scheint der Tonart d-Moll ebenso fern zu sein wie der Himmel der Erde.

ver - leih' ein sel' - ges Stün - de - lein, auf daß wir e - wig bei dir sein!

267

Achten Sie darüber hinaus auch auf das Wort »Ewigkeit« in der letzten Zeile (Tenor). Sinnbild für diese Ewigkeit ist die – gemessen an für den Choralsatz normalen Notenwerten – »ewig« lang erklingende Note *d'*.

Aufgabe
4

Ein Beispiel für die beiden ersten Möglichkeiten der Textvertonung (siehe oben S. 139) können Sie in der 4. Strophe des Chorals »Herzliebster Jesu, was hast du verbrochen« aus der Matthäuspassion studieren:

An diesem Zeilenbeginn stehen die Harmonien Bachs (dissonanter Quintsextakkord und verminderter Septakkord) in einem auffälligen Kontrast zum Textwort »wunderbarlich«. Dieses Wort wurde im 18. Jahrhundert häufig zur Kennzeichnung von Wesen und Handeln Gottes im Sinne von »unergründlich« und »herrlich« verwendet. Und obwohl es Bedeutungsnuancen hatte, die unser heutiger Begriff »wunderbar« nicht mehr unmittelbar bezeichnet, scheinen die Chromatik des Basses (→ passus duriusculus) und die dissonanten Akkorde des Anfangs vielmehr auf den Textinhalt der folgenden Zeile vorauszuweisen:

BWV
244.46

Es ist sehr wahrscheinlich, dass die genannten Mittel und auch der verminderte Septakkord zum Textwort »Strafe« die negativen Bedeutungsfelder des

Textes versinnbildlichen. In einer weitreichenden Interpretation könnte dagegen die auffällige Tonleiterbewegung aufwärts des Basses im 1. und 2. Takt als Symbol für ein »Hinaufgehen« bzw. den Auferstehungsgedanken gelesen werden, d. h. in der Musik läge mit dem positiven Bedeutungsfeld »Auferstehung, Erlösung« eine inhaltliche Ergänzung der Textaussage. Deutlicher wird dieses Verfahren noch in der 2. Textzeile »Der gute Hirte leidet für die Schafe«: Trotz des Wortes »leiden« verzichtet Bach darauf, die Textaussage unmittelbar durch einen traurigen musikalischen Affekt umzusetzen. Im Gegenteil, hier wirkt die Musik durch klare Harmonik und eine beinahe süßliche Kadenzgestaltung als ein Kontrast zum Text und fordert zu weitergehenden Interpretationen heraus. Aus theologischer Sicht käme hier das so genannte »dialektische Denken« (S. 139) zum Tragen: Im Leiden Jesu offenbart sich die Erlösung für die Menschen.

Schreiben Sie zu den folgenden Choralzeilen jeweils eine »reguläre«, d. h. textneutrale und eine die Textworte bzw. den Textinhalt berücksichtigende Aussetzung und vergleichen Sie Ihre Versionen mit den Vertonungen von Bach.

Aufgaben
5–7

Kantate BWV 20, Choral »O Ewigkeit, du Donnerwort«, 4. und 5. Zeile

Nimm du mich, wenn es dir ge-fällt, Herr Je-su, in dein Freu-den-zelt.

Kantate BWV 60, Choral »Es ist genug«, 7. und 8. Zeile

ich fah-re si-cher hin mit Frie-den, mein gro-ßer Jam-mer bleibt da-nie-den,

Johannespassion, Choral »Machs mit mir, Gott, nach deiner Güt«,
3. und 4. Zeile

denn gingst du nicht die Knecht-schaft ein, müßt' un-sre Knecht-schaft e-wig sein.

Den Bereich Musik und Textausdeutung abschließen soll eine kurze Analyse des berühmten Chorals der Kantate BWV 48 »Ich elender Mensch« mit dem Text:

> Soll's ja so sein
> Daß Straf und Pein
> Auf Sünden folgen müssen
> So fahr hier fort
> Und schone dort
> Und laß mich hier wohl büßen.

In der 1. Zeile erklingen nur Grundakkorde, die auf musikalische Weise demonstrieren, wie »es sein sollte«:

BWV 48.3

Die Musik zu den Worten der 2. Zeile (»daß Straf und Pein«) könnte demgegenüber als eine so genannte »Antithesis«, d. h. als ein bewusst gesetzter Gegensatz, zur 1. Zeile betrachtet werden. Vier Choraltöne, davon drei mit ungewöhnlichen, dissonanten Akkorden harmonisiert, schließen mit einer für diese Position falschen Kadenz in g-Moll anstelle der regulären Wendung nach B-Dur (siehe S. 66):

Auch die 3. Zeile ist merkwürdig, insbesondere die lang andauernde Stimmkreuzung der Mittelstimmen:

Analog der 1. Zeile erklingt darauf wiederum in der 4. Zeile »so fahr hier fort« eine harmonisch und in ihrer Kadenzdisposition reguläre Aussetzung:

Demgegenüber wirkt das harmonisch ferne »dort« der 5. Zeile befremdlich und wie ein Verweis auf das »Jenseits«. Denn gemessen an der Grundtonart B-Dur ist As-Dur, das durch eine Quintfallsequenz aus Dominantseptakkorden erreicht wird, ähnlich fern bzw. »entrückt« wie »das sel'ge Stündelein« im Schlusschoral aus BWV 90 »Es reißet euch ein schrecklich Ende«.

Die abschließende Zeile muss in vielerlei Hinsicht als Höhepunkt des Chorals bezeichnet werden:

Hier die auffälligsten Momente der Vertonung:

1. Folge von drei Dominantquintsextakkorden (F^7-G^7-A^7),
2. Tonleiter aufwärts im Bass (*A–g*),
3. verminderter Septakkord zu Beginn des Wortes »büßen« (*fis-a-c-es*),

4. Vorhaltskette im Alt und
5. eine modulatorische Wendung nach es-Moll, die den Schlussakkord B-Dur nicht wie eine Tonika, sondern wie einen angehängten Halbschluss klingen lässt.

Angesichts dieser Merkmale könnte die letzte Choralzeile als Ausdruck der Schrecken und Qualen bzw. als Symbolisierung göttlicher Strafe für irdische Sünden verstanden werden. Dass dieses »Büßen« schmerzhaft (Dissonanzhäufungen) und im Abgrund bzw. in der Hölle vorzustellen ist, verdeutlicht der Tonartenplan: Das »Büßen« führt nach es-Moll, der vom Mittelpunkt *C* entferntesten Molltonart in der Quintenschichtung nach unten (C/a–F/d–B/g–Es/c–As/f–Des/b–Ges/es). Vor dem Hintergrund einer »christlichen Dialektik« ist in dieser letzten Zeile aber auch ein hoffnungsvoller Gedanke enthalten. Denn simultan zur Schilderung der Bußqualen erklingt im Bass eine vollständige Tonleiter (*A-H-cis-d-e-fis-g*) aufwärts. Tonleitern, die eine lange Tradition als musikalische »Figuren« haben, werden in der Figurenlehre als »Anabasis« und »Katabasis« bezeichnet. Häufig findet sich in der Musikliteratur z. B. die Tonleiter aufwärts für Inhalte wie »Aufgehen« bzw. »Aufsteigen« im wörtlichen und »Auferstehen« im übertragenen Sinne (vgl. S. 145). In diesem Sinne könnte die Basstonleiter aufwärts also auch hier in der Schlusszeile des Chorals »Soll's ja so sein« als ein Verweis auf die göttliche Gnade, den Auferstehungsgedanken und die Erlösung der Bußfertigen gelesen werden.

Aufgabe 8 Hören Sie sich den Choral als Ganzen an und versuchen Sie, auf die beschriebenen ungewöhnlichen Merkmale des Tonsatzes zu achten.

Aufgabe 9 Für diesen Choral gibt es noch eine weitere Aussetzung (40) aus der Feder von Bach. Vergleichen Sie die beiden Versionen im Hinblick auf reguläre und außergewöhnliche musikalische Wendungen.

Perspektiv-Aufgabe 41 Analysieren Sie das Rezitativ Nr. 71 (»Und von der sechsten Stunde an«) aus der Matthäuspassion von Bach. Wie und in welchen Tonarten wird die berühmte Frage »Eli, Eli, lama asabthani« und ihre Übersetzung »Mein Gott, mein Gott, warum hast du mich verlassen« von Bach vertont (vgl. S. 62, → Lösungen)?

Perspektiv-Aufgabe 42 Studieren Sie das Alt-Rezitativ Nr. 2 aus der Kantate BWV 12 »Weinen, Klagen, Sorgen, Zagen« von Bach. In welcher Stimme ist eine musikalische Figur zur Umsetzung des Textinhalts versteckt?

Hören Sie sich eine Tonträgeraufnahme des Rezitativs Nr. 12 aus der »Schöpfung« von Joseph Haydn bis zum Ende der ersten Gesangsphrase des Tenors an. Können Sie allein über das Hören eine musikalische Figur entdecken, die den Textinhalt symbolisiert? Studieren Sie erst anschließend diesen Abschnitt mit der Datei zur Aufgabe.

Perspektiv-
Aufgabe
43

Analysieren Sie im Hinblick auf das Verhältnis Musik – Text auch die folgenden Choralaussetzungen: Kantate BWV 2, Johannespassion BWV 245, Kantate BWV 56, Weihnachtsoratorium BWV 248/12, Kantate BWV 25.

Aufgaben
10–14

10. Coda

Vielleicht sind Ihnen als aufmerksamer Leserin oder als Verehrer Bachs in diesem Lehrgang Regeln aufgefallen, die für Bach'sche Choralsätze keine uneingeschränkte Gültigkeit beanspruchen dürfen. So ist z. B. auf S. 43 behauptet worden, dass in einer Variante der Altklauselkadenz (Terzsprung abwärts in der Melodie) auf die Dissonanz verzichtet werden muss, weil sonst unzulässige verdeckte Oktavparallelen entstehen würden. Dabei wurde eine Möglichkeit verschwiegen, mit der es Bach gelingt, die verdeckten Oktavparallelen zu vermeiden, ohne auf die Dissonanz verzichten zu müssen:

191

Möglicherweise haben Sie auch bemerkt, dass der Beispielchoral »Ermuntre dich, mein schwacher Geist« am Ende der 3. Zeile gegenüber dem Bach'schen Original verändert worden ist:

9

Der Grund für den Verzicht auf diese Wechselnotenverzierung in der Tenorklausel lag darin, dass in unserer Aussetzung durch die gebräuchliche 6-5-Bassbewegung keine offenen Quintparallelen entstehen sollten:

Studieren Sie in den Choralaussetzungen 170, 182 und 324 (die Dateien finden Sie in dem Ordner »AB Choräle Bach«), auf welche Weise Bach Quintparallelen vermeidet, die bei der Wechselnotenverzierung auftreten können.

Aufgaben
1–3

Auch wurden in dem Lehrgang andere Besonderheiten wie z. B. Quint-, Sekund- und Septimparallelen nicht berücksichtigt, obwohl sie gelegentlich in Bachs Choralsätzen anzutreffen sind, so z. B.:

Offene Quintparallelen zwischen Sopran und Tenor (Antizipation und Durchgang):

Kantate
BWV 26

Offene Quintparallelen zwischen Sopran und Alt (Hauptnote und Durchgang):

BWV 248/
33

Septim- und Sekundparallelen:

156
27
160

Innerhalb einer bestimmten Kadenz (Tenorklausel im Bass und Diskantklausel in der Melodie) können vermindert-reine Quintparallelen (meist zwischen Sopran und Alt) sogar als regulär bezeichnet werden:

177

Ganz zu schweigen von den so genannten Akzentparallelen, die gelegentlich in Bach'schen Vokalsätzen vorkommen:

Akzentoktaven zwischen Alt und Bass in der Kantate BWV 120:

Akzentquinten im Außenstimmensatz der Kantate BWV 162:

Akzentquinten zwischen Sopran und Tenor im Choral »Jesu, der du meine Seele«:

296

Akzentquinten zwischen Tenor und Bass in der Kantate BWV 93:

Die »Mängelliste an Verfehlungen« lässt sich mit nicht vorbereiteten oder falsch aufgelösten Dissonanzen fortführen:

Unvorbereitete Dominantseptime im Choral »Freu dich sehr, o meine Seele« (vgl. auch S. 91):

korrekte Vorbereitung   Bach

29

»Falsche« Aufwärts-Auflösung einer Dominantseptime im 4. Choral der Penzel-Sammlung:

All diese Besonderheiten gehören natürlich zum Bach'schen Vokabular wie der Dialekt zur Sprache. Und wenn Heinichen 1728 schreibt, »daß wir alle unsere Musikalischen Regeln nach dem Gehöre einrichten sollen« – folgt dann für uns heute daraus, dass auch in einer didaktischen Anleitung zum Choralsatz diese Besonderheiten berücksichtigt werden müssten?

Musiktheoretische Regeln können nicht mehr sein als methodische Hilfestellungen zum Einstieg in die satztechnische Arbeit und zum Verständnis stilistischer Eigenheiten. Ihr Sinn besteht einzig und allein darin, Typisches möglichst prägnant zu beschreiben und seltene Eigentümlichkeiten auszugrenzen. Um ein grundlegendes handwerkliches Können zu vermitteln, wird es nicht förderlich sein, eine Phänomenologie der Besonderheiten in den Vordergrund zu stellen. Erst wenn sich das Lernen auf einer fortgeschrittenen Ebene bewegt bzw. das Hörvermögen so weit entwickelt worden ist, dass auch stilistische Eigenheiten differenziert wahrgenommen werden können, ist regelhaftes Denken hinderlich und so überflüssig wie Stützräder am Fahrrad des Erwachsenen. Ein weitergehendes Verständnis wird sich dann nur noch an den Kompositionen der jeweiligen stilistischen Vorbilder entwickeln können, d.h. im Falle des Choralsatzes an den Kompositionen von Johann Sebastian Bach und im Falle des Kantionalsatzes z.B. an den Werken von Heinrich Schütz.

11. Kurzfassung des Lehrgangs

Von meinen Studentinnen und Studenten, die in München den Lehrgang erprobt und mich mit zahlreichen hilfreichen Anregungen bedacht hatten, kam die Idee, am Ende des Lehrgangs eine Kurzfassung und die gebräuchlichsten Wendungen in C-Dur beizugeben. Ihren Vorschlag möchte ich gerne aufgreifen, denn er erleichtert nicht nur ein gezieltes Wiederholen der Arbeitsschritte, sondern ermöglicht auch einen »Schnelleinstieg« für Fortgeschrittene.

Zeilenenden aushören.
Seite
23–25

Zweistimmige Synkopenkadenz schreiben, wo möglich (d. h. Sopran- zur Tenorklausel ergänzen und umgekehrt):
Seite
32–35

Seite 40,
42, 50,
53, 59

Kadenzen vierstimmig aussetzen.

Seite
75–88

Einfachen Außenstimmensatz erstellen:

Seite
103–105

Zur einfachen Vierstimmigkeit vervollkommnen:

Differenzierte Ausarbeitung, gegebenenfalls Veränderungen einarbeiten:

Seite
115–119

Alternative Gestaltung der 2. Zeile als Kontrast zur 1. Zeile; verwenden Sie dabei das Modell mit dem übermäßigen Dreiklang:

Seite
132

Aufgabe
1

Alle Arbeitsschritte können Sie mit Hilfe der Datei zur Aufgabe noch einmal hörend nachvollziehen.

Aufgabe
2

Vergleichen Sie abschließend die Arbeit an dem Choral »Nun danket alle Gott« mit der originalen Aussetzung von Bach (der Choral in der Datei zur Aufgabe ist im Vergleich zum Original, das in A-Dur steht, um einen Ton nach unten transponiert).

Aufgabe
3

Sie können die Arbeitsschritte auch an einem komplexeren Beispiel wiederholen, z. B. an der Choralmelodie »Wenn ich in Angst und Not«:

Die Datei zur Aufgabe wird es Ihnen ermöglichen, auch in diesem Fall alle Arbeitsschritte bis hin zum fertigen Ergebnis noch einmal im Einzelnen nachzuvollziehen.

Aufgabe
4

Vergleichen Sie diese Aussetzung abschließend mit dem Choral 147 »Wenn ich in Angst und Not« von Bach.

Aufgabe
5

Studieren Sie die fertige Aussetzung des Beispielchorals »Ermuntre dich, mein schwacher Geist«, die Sie sich in diesem Lehrgang erarbeitet haben:

9

Die einzelnen Arbeitsschritte finden Sie in der Datei zur Aufgabe, die Erläuterungen zur Arbeit auf den Seiten 23f., 35, 41, 45, 80, 85f., 106 und 117f.

Vergleichen Sie auch dieses Ergebnis mit den beiden Aussetzungen der Choralmelodie von Johann Sebastian Bach (9 und 102).

Aufgabe 6

Analysieren Sie mit Hilfe der Datei zur Aufgabe das Endergebnis des Chorals »Das walt mein Gott« und wiederholen Sie hierzu gegebenenfalls noch einmal die Anweisungen auf den Seiten 35, 38, 40, 46f., 51, 86f. und 107.

Aufgabe 7

In der Datei zur Aufgabe finden Sie die originalen Aussetzungen Bachs zu dieser Choralmelodie.

Aufgabe 8

Studieren Sie eine mögliche Aussetzung der Choralmelodie »Machs mit mir, Gott, nach deiner Güt«, die auf den Ergebnissen beruht, die Sie sich auf den Seiten 25, 55, 82, 107 und (Zusatzzahl!) 121 erarbeiten konnten.

Aufgabe 9

Studieren Sie abschließend und zum Vergleich die Aussetzungen Bachs.

Aufgabe 10

Aufgabe
11

Als letzte Wiederholungsaufgabe zum Choralsatz können Sie in der Datei zur Aufgabe eine Aussetzung der Choralmelodie »Warum sollt ich mich denn grämen« studieren. Die Arbeitsschritte, die zu diesem Ergebnis geführt haben, können Sie auf den Seiten 51, 82 und 107 nachlesen.

Aufgabe
12

Zu der Choralmelodie »Warum sollt ich mich denn grämen« gibt es zwei Choralsätze aus Bachs Feder, die Sie ebenfalls studieren sollten.

Aufgabe
13

In unserem Lehrgang haben wir Ihnen eine vollständige Anleitung zur Ausarbeitung der Psalmmelodie »Ich trau auf Gott« gegeben. Die Datei zur Aufgabe enthält alle einzelnen Arbeitsschritte, die ausführlichen Anleitungen finden Sie auf den Seiten 49, 58, 61, 100f. und 113f.

Aufgabe
14

Vergleichen Sie zu guter Letzt auch dieses Ergebnis mit der Psalmvertonung von Heinrich Schütz (Psalm 11).

Anhang

Lerntafel in C-Dur

Die ersten Vokabeln

Der Standard-Ganzschluss mit und ohne Synkope (enge und weite Lage):

Seite
36–40,
53–57

Melodietöne (Stufen in C-Dur) und ihre gebräuchliche Verbindung mit Halb-
schluss- und Ganzschlusskadenzen:

Seite
54

Der Grundwortschatz

Seite
60–61
Synkopenkadenzen mit Sekunde aufwärts im Sopran, zuerst als Variante der Tenorklausel in der Standardkadenz und dann als phrygische Kadenz:

Seite
37, 40
Kadenzwendung mit 6-5-Seitenbewegung (kleine Sexte + verminderte Quinte) mit und ohne Synkopendissonanz:

Seite
42–44
Altklauselkadenz mit und ohne Synkope:

Das erweiterte Vokabular

Seite
50, 52,
135–137
Kadenzwendungen
- mit Bassklausel im Sopran und Sopranklausel im Bass (Beispiel 1),
- mit Bassklausel im Sopran und Tenorklausel im Bass (Beispiel 2) und
- mit synkopierter Sopranklausel im Bass (Beispiel 3)
- sowie die Altklauselkadenz mit Terzfall und »abspringendem Leitton« (Beispiel 4):

Beispiel 1   Beispiel 2   Beispiel 3   Beispiel 4

Trugschlüsse und trugschlüssige Wendungen:

Seite
37, 127–128

Vergleichen Sie auch oben das 3. Beispiel zur 6-5-Seitenbewegung mit kleiner Sexte und verminderter Quinte.

Mi-Klausel (phrygische Klausel) und die aus ihr entstandenen Kadenzwendungen (plagale Kadenz und Halbschluss):

Seite
59–63

Alle Beispiele können Sie sich auch mit Hilfe der Datei »Lerntafel in C« im Ordner »A Kapitel 10 Wiederholungen« auf der CD noch einmal anhören.

Lösungen

Aufgabe 2, S. 19

Choral 204: 1.–3. Zeile = Satztyp 1; 4. Zeile = Satztyp 3
Choral 261: 1. Zeile = Satztyp 3; 2. Zeile = Satztyp 1 (3); 3. Zeile = Satztyp 2; 4. Zeile = Satztyp 1; 5. Zeile = Satztyp 1 (3); 6. Zeile = Satztyp 3
Choral 44: 1. Zeile = Satztyp 3; 2. Zeile = Satztyp 1; 3. und 4. Zeile = Satztyp 3

Aufgabe 5, S. 21

Der Psalm 117 beginnt imitatorisch, d. h., Sopran/Alt, Tenor und Bass beginnen nicht gleichzeitig, sondern setzen nacheinander ein wie z. B. in einer Motette.

Aufgabe 1, S. 35

Die »Tenorklauseln« führen in den Kadenzen 3 und 4 eine kleine Sekunden abwärts (im Gegensatz zu den großen Sekunden der ersten beiden Beispiele), weshalb die Sopranklausel keine Leittonerhöhung aufweist. Darüber hinaus sind in diesen Kadenzen Ultima-Ton der Tenorklausel und Grundton nicht identisch, sondern die Tenorklausel führt in die Quinte bzw. in die Terz der Schlussakkorde (vgl. die Ausführungen zu den Mi-Kadenzen auf S. 59ff.).

Perspektiv-Aufgabe 10, S. 43

Hauptsatz T. 1–4 mit Pendelharmonik (Liegetöne in den Flöten), Seitensatz T. 27–30 mit Pendelharmonik, bei der Wiederholung des Seitensatzes T. 31–34 erklingen wiederum die charakteristischen Liegetöne in den Bläser (Flöten).

Perspektiv-Aufgabe 11, S. 43

In der Exposition der Sonate in C-Dur op. 2, Nr. 3 von Ludwig van Beethoven tritt ein G- (T. 21–26) und ein D-Orgelpunkt (T. 43 bis 46) auf. Da in Expositionen die formal wichtige Position vor dem Seitensatz in der Regel nur durch einen Orgelpunkt (der V. oder der II. Stufe) markiert wird, zeigt diese Exposition die Besonderheit, dass beide Orgelpunkte ausformuliert werden. Den Orgelpunkten folgt ein kantabler Satz in g, T. 27ff., und ein syntaktisch fest gefügtes Thema in G, T. 47ff. (Periode).

Aufgabe 34, S. 44

Terzsprünge und Tonwiederholungen an Zeilenenden müssen nicht immer eine Altklausel, sondern können auch einen Lagenwechsel bzw. eine textbedingte Tonwiederholung innerhalb des Schlussakkordes (Ultima-Station) anzeigen.

Aufgabe 40, S. 46

Nein, eine Quartsextakkordkadenz hätte Sie zu einem A-Dur-Schlussakkord geführt, der in diesem Kontext unpassend wirkt. Ein D-Dur-Schluss ist aus verschiedenen Gründen nahe liegender,

z. B. wegen der folgenden G-Dur-Kadenz (D-T-Korrespondenz der Schlusswendungen).

Aufgabe 56, S. 52   Die dritte Choralzeile wird durch eine Kadenz mit einer Sopran-klausel beendet (T. 7).

Aufgabe 58, S. 53   Bei Bach ist während der Septimendissonanz über der Tenor-klausel auch die Quinte gebräuchlich (s. die Kadenz der 2. Zeile, T. 5), die sich parallel zur Septimenauflösung in Terzen bewegt.

Aufgabe 60, S. 54   Bei den Kadenzen a–c handelt es sich um Halbschlüsse, d ist ein Ganzschluss.

Aufgabe 61, S. 54   Der charakteristische Halbschluss beschließt einen Melodieab-schnitt, der melodisch auf dem 2. Ton der Tonart endet. Er besteht aus einem dominantischen Akkord in Quintlage auf metrisch schwerer Zeit.
Der charakteristische Ganzschluss hingegen beendet eine Melodie »gänzlich« durch einen Tonika-Akkord in Oktavlage auf metrisch schwerer Zeit.

Aufgabe 62, S. 54   Im kadenzierenden Quartsextakkord muss die Quarte wie eine Dissonanz behandelt (also vorbereitet und aufgelöst) werden. Die Sexte wurde von Bach noch nicht als Dissonanz angesehen (d. h. sie konnte verdoppelt und auch nach oben weitergeführt werden).

Aufgabe 63, S. 55   Ein Leitton kann in einer Mittelstimme auch aufwärts (gegebenen-falls verziert) zur Terz abspringen.

Perspektiv-
Aufgabe 13, S. 55   Am Ende des Hauptsatzes (T. 10) und seiner Nachsatzwieder-holung (T. 16) finden sich vollkommene Ganzschlüsse. Der Seiten-satz bzw. seine verzierte Wiederholung enden mit diminuierten Halbschlüssen in der Nebentonart D-Dur (T. 26 und T. 30). Die Seitensatzposition hat in melodischer Hinsicht kein eigentliches Thema, klangtechnisch (bassloses Register, Piano-Klang, Liegeton usw.) ist sie jedoch durchaus charakteristisch (vgl. die Ausführun-gen zur Perspektiv-Aufgabe 10).

Perspektiv-
Aufgabe 14, S. 56   In T. 38 und T. 42 finden sich die besprochenen Kadenzwirkun-gen, sie bereiten den Nachsatz (bzw. die Wiederholung) des Sei-tensatzgedankens und den Beginn der Schlussgruppe vor.

Aufgabe 74, S. 60   Die erste und dritte Wendung hören wir heute als Halbschluss in d-Moll, die zweite als plagalen Ganzschluss in d-Moll mit picardischer Terz (oder Halbschluss in g-Moll). Finalton der zwei-stimmigen phrygischen Klauseln und Grundton einer tonalen Interpretation der mehrstimmigen Kadenzen sind nicht identisch.

Aufgabe 76, S. 61   In einer Choralmelodie kann die große Sekunde aufwärts am Zeilenende mit einer Mi-Kadenz, aber auch mit einer regulären Kadenz mit 5- oder 6-5-Bassbewegung harmonisiert werden. In zweiten Fall wird die Melodiebewegung als Variante der Tenor-klausel interpretiert, die regulär über einen Sekundschritt ab-wärts in die Ultima führen würde.

Aufgabe 78, S. 61	Ja, ganz analog zu Lösungen der Aufgabe 77. In diesem Fall ergibt sich eine Kadenz in Moll, wobei die kleine Sekundbewegung eine Variante der Tenorklausel zeigt, die stufenweise aufwärts in die Mollterz des Schlussakkordes führt.
Aufgabe 8, S. 79	Der Außenstimmensatz kleine 6–Terz lässt sich harmonisch als Dominante und ihre Auflösung erklären (E-Dur ist die Dominante zu a-Moll, D-Dur diejenige zu G-Dur).
Aufgabe 9, S. 79	Der Außenstimmensatz in der Altklauselkadenz mit Terzfall zeigt einen 6-3-Intervallsatz, der in der Altklauselkadenz mit Tonwiederholung eine 6-5-Bewegung.
Aufgabe 20, S. 85	Durch die 5. Regel bzw. das 3-8-6-Modell.
Aufgabe 22, S. 87	2. Zeile = Regel 1; 3. Zeile = Regel 1 und 6; 4. Zeile = Regel 1 und 3.
Aufgabe 23, S. 87	Am Anfang wurde die Terz statt der Oktave im Außenstimmensatz gewählt, damit der Choral mit einem tonikalen d-Moll-Akkord beginnt und nicht in der Tonikaparallele F-Dur. Der Bass der letzten Zeile kann mit Hilfe der Trugschlusskadenz A-Dur/B-Dur (D/T) harmonisch-tonal prägnanter gestaltet werden, als es die Anwendung der 1. Regel (Bassgang *d–c–b*) erlaubt hätte. Denn der Basston *c* hätte einen kadenziell indifferenten a-Moll-Akkord notwendig gemacht.
Aufgabe 31, S. 92	Im Außenstimmensatz erklingen 12 dissonante Intervalle, allein in der drittletzten Zeile sind 6 Septakkorde zu hören (wobei es sich bei dem Septakkord g-h-f um einen – enharmonisch notierten – übermäßigen Sextakkord g-h-eis handelt).
Aufgabe 20, S. 112	Am Ende der ersten Zeile sehen Sie im Tenor einen der seltenen abspringenden Leittöne, die in den Kantionalsätzen von Heinrich Schütz vorkommen.
Aufgaben 1–3, S. 116	Diminutionsbewegungen im Choral 148: 20-0-0-2-5-0-0; im Choral 260: 25-3-1-5-1-1-0; im Choral 98: 19-0-3-1-5-2-0. Ihre Ergebnisse können von den hier angegebenen leicht abweichen, da sich einige Achtelbewegungen unterschiedlich interpretieren lassen.

Fachbegriffe

Äolisch	Von Glarean (1547) eingeführte Bezeichnung von Modi mit der Finalis *a*
Akzentparallelen	Parallelen in Quinten und Oktaven zwischen relativ schweren Zeiten, die durch eine diminutive Bewegung verschleiert werden (vgl. S. 152)
Ambitus	Tonumfang
Antepenultima	APU: drittletzter Ton einer Choralzeile
Antizipation	Verzierungsfigur: »Vorwegnahme« der Tonhöhe einer nachfolgenden Note durch einen kleinen Notenwert auf leichter Taktzeit (z. B. im Choral durch eine Achtelnote)
Auflösung	→ Vorbereitung
Ausweichung	Der Begriff der Ausweichung (zufällige, durchgehende und förmliche) in seiner Differenzierung findet sich bei H. Chr. Koch (Musikalisches Lexikon, 1802). Die zufällige A. bezeichnet – modern gesprochen – die Tonikalisierung eines Akkordes durch eine vorhergehende Zwischendominante, die vorübergehende A. ist zwischen der zufälligen und der förmlichen A. angesiedelt. Diese wiederum bezeichnet ein nachdrückliches Erreichen und eine kadenzielle Festigung eines neuen Tons (z. B. den der Oberquinte im 8. Takt einer Periode). Die Verwendung des Begriffs A. gestattet es heute, den Terminus Modulation nur in großformaler Hinsicht zu verwenden (also z. B. für das Erreichen der Quinttonart zum Doppelstrich in der Sonate bzw. dem Suitensatz usw.)
Authentisch	1. Als authentisch wird ein Melodieverlauf bezeichnet, der sich überwiegend über dem Grundton bewegt. Wichtigster Melodieton neben der Finalis ist die »Dominante« (5. Ton), oft werden mit dem 6. und 7. Ton melodische Höhepunkte erreicht. 2. Als authentische Kadenz wird eine Schlusswendung bezeichnet, die durch die Harmoniefolge V-I bzw. durch die Funktionsfolge Dominante-Tonika charakterisiert ist
Barform	Musikalische Form, die aus einem sogenannten »Stollen«, der Wiederholung des Stollens und einem »Abgesang« besteht: AA I B. Wird am Ende des Abgesangs der A-Teil wieder aufgegriffen (Reprise), spricht man von einer Reprisenbarform
Bassklausel	Melodische Formel in der Kadenz, die aus einem Quint- oder

	Quartsprung besteht. Theoriegeschichtlich war strittig, ob die Bassklausel am Klauseltausch (Vertauschen der Stimmen in der Kadenz) beteiligt sein durfte, oder ob sie ausschließlich als Charakteristikum der Bassstimme zu gelten habe
Brevis	Ursprünglich, gegenüber der »langen« Longa, eine »kurze« Note im Wert von zwei oder drei Notenteilen, die heute als ganze Note bezeichnet werden
c. f.	cantus firmus (feststehender Gesang) = Choralmelodie
Choralsatz	s. Einleitung, S. 11
Choralzeile	Vertonung einer Textzeile der Choraldichtung. Das Ende einer Choralzeile lässt sich in Bachs Choralsätzen immer an einer Fermate, bei Schütz an einem Abteilungsstrich (ein Längsstrich nur durch die mittleren beiden Notenlinien) erkennen
Diminuieren	Im kompositorischen Sinn bezeichnet der Fachbegriff ein »Verkleinern«, d. h. das Ausgestalten eines Gerüstsatzes mit Hilfe von Durchgängen, Wechselnoten, Antizipationen usw.
Dorisch	Tonartbezeichnung für Kompositionen im 1. oder 2. Ton (mit Finalis *d* oder einer Transposition z. B. nach *g* oder *a*).
Enge Lage	Aufteilung der Töne eines Akkordes dergestalt, dass die oberen drei Stimmen in engstmöglicher Lage erklingen
Förmliche Ausweichung	→ Ausweichung
Funktionstheorie	Auf Hugo Riemann zurückgehende, in Deutschland vor allem in musiktheoretischen Lehrbüchern z. B. von Hermann Grabner, Wilhelm Mahler, Diether de la Motte, Clemens Kühn u. a. verwendete Theorie zur Beschreibung von Harmoniefolgen nach ihrer z. B. dominantischen, subdominantischen oder tonikalen Funktion (im Unterschied zur Stufentheorie)
Ganzschluss	Auf einer Tonika »schließende« Kadenz mit vollkommener (Oktavlage, metrisch schwere Zeit) oder unvollkommener (Terzlage, Quintlage, metrisch leichtere Zeit) Schlusswirkung
Halbschluss	»Öffnende« Kadenz als vorläufiger (dominantischer) Abschluss eines Abschnitts auf metrisch schwerer Zeit. Kennzeichen des typischen Halbschlusses ist die Quintlage des Schlussakkordes. Ausnahme: die phrygische Wendung (Halbschlusswirkung, Oktavlage)
Harmonisches Band	Als harmonisches Band wird ein Ton bezeichnet, der verschiedene Harmonien verbindet (z. B. der Ton *c* in der Harmoniefolge C-Dur – F-Dur, vgl. Liegeton)
Homorhythmik	Rhythmisch identischer Verlauf aller Stimmen eines mehrstimmigen Satzes
Imitatorisch	Die Stimmen setzen nicht gleichzeitig, sondern – sich quasi imitierend – zu unterschiedlichen Zeitpunkten bzw. nacheinander ein

Ionisch	Von Glarean (1547) eingeführte Bezeichnung von Modi mit der Finalis *c*
Kadenzierender Quartsextakkord	In der Kadenz eine Quartvorhaltsbildung zum Bass mit gleichzeitiger Überterzung der Vorhaltsstimme (Sexte zum Bass). Der zum Bass eine Sexte bildende Ton wurde ursprünglich (im 16./17., aber auch noch im 18. Jahrhundert) als konsonant und dadurch als verdopplungsfähig angesehen. Später sind Verdopplungen dieser Stimme seltener anzutreffen, in der Funktionstheorie gilt die Sexte wie die Quarte als dissonanter Vorhalt
Kantionalsatz	s. Einleitung, S. 11
Liegeton	Ein Liegeton (in sinfonischer Musik des 18. und 19. Jahrhunderts oftmals in den Bläsern) ist ein gehaltener Ton, der verschiedene Harmonien verbinden kann (vgl. harmonisches Band, Pendelharmonik und Orgelpunkt)
Melismatisch	Mehrere Noten werden auf nur eine Textsilbe gesungen. »Syllabisch« bezeichnet hingegen, dass jedem Ton eine Textsilbe zugeordnet ist
Mi	Die Silbe mi kommt aus der Hexachordlehre (Johannes-Hymnus »Ut queant laxis …«) und bezeichnet einen Ton bzw. Toncharakter, der über sich durch einen Ganzton-, unter sich durch einen Halbtonschritt charakterisiert wird. Beispiel: *e* ist mi-Stufe in Bezug auf *d* und *f*, *a* ist mi-Stufe in Bezug auf *g* und *b* usw.
Modulation	→ Ausweichung
Modus	→ System der acht Modi
Orgelpunkt	Liegeton im Bass, in der Regel mit dominantischer oder tonikaler Funktion
Penultima	PU: vorletzter Ton einer Choralzeile
Pendelharmonik	Mehrfacher Wechsel zweier verschiedener Harmonien (z. B. C-F-C-F-C-F oder G-C-G-C), oftmals durch einen Liegeton oder ein harmonisches Band verbunden
Phrygisch	Tonartbezeichnung für Kompositionen im 3. oder 4. Ton (mit Finalis *e* oder *a*)
Picardische Terz	Durabschluss einer Mollkadenz. Ursprünglich ein polemischer Begriff von J. J. Rousseau, heute eine neutrale Beschreibung dieser besonderen Art des Dur-Schlussklangs
Plagal	1. Als plagal wird ein Melodieverlauf bezeichnet, der sich überwiegend im Bereich des Grundtons aufhält. Wichtigster Melodieton neben der Finalis ist die »Mediante« (3. Ton). 2. Als plagale Kadenz wird eine Schlusswendung bezeichnet, die durch die Harmoniefolge IV-I bzw. durch die Funktionsfolge Subdominante-Tonika charakterisiert ist
Prolongation	»Verlängerung« bzw. Dehnung einer Station des Gerüstsatzes durch verschiedene Formen der Diminution

Reihenform	oder Reihungsform: Musikalische Form, die durch Reihung einzelner, in ihrer Länge nicht zwangsläufig bestimmter Abschnitte entsteht, z. B. durch Imitationsabschnitte einer Motette bzw. durch Refrain und Couplet im Kettenrondo. Reihenform ist ein Gegenbegriff zur Gleichgewichtsform
Reprisenbarfom	→ Barform
Sixté ajoutée	Charakteristische Dissonanz (große Sexte), die einem Dur- oder Molldreiklangs »hinzugefügt« wird als Signal für einen Quartfall bzw. Quintanstieg im Fundament (Bsp. C^6-G oder g^6-D)
Sopranklausel	Melodische Formel in der Kadenz, die eine kleine Sekunde aufwärts führt. In der Regel erkennbar als Synkopenstimme in der Kadenz (Diskantklausel)
Synkope	Unter dem Begriff »Synkope« werden verschiedene musikalische Phänomene zusammengefasst: 1. Dissonante Synkopen, die in Verbindung mit einem Vorhalt zur relativ schweren Taktzeit auftreten, 2. konsonierende Synkopen als zeitlicher Konflikt mit dem Takt- bzw. Pulsschema, 3. taktauflösende bzw. taktverändernde Synkopen (z. B. Hemiolen in triplierten Taktarten) und 4. textorientierte Rhythmik gegen den Tactusschlag (z. B. die wortbezogene Deklamationsrhythmik des Kantionalsatzes). Im Text dieses Lehrgangs ist mit dem Begriff »Synkope« in der Regel die unter 1. aufgeführte Art gemeint
System der acht Modi	Das sogenannte »griechisch-abendländische« Tonartensystem der 4 authentischen und 4 plagalen Modi (authentisch: Dorisch, Phrygisch, Lydisch, Mixolydisch; plagal: Hypodorisch, Hypophrygisch, Hypolydisch, Hypomixolydisch)
Tenorklausel	Melodische Formel in der Kadenz, die eine Sekunde abwärts führt
Ton	»Ton« bzw. »Kirchenton« bezeichnete die 8 authentischen und plagalen Modi mit den Finales d, e, f, und g. Von Glarean wurde das System der 8 Modi 1547 auf 12 erweitert (→ Äolisch und Ionisch)
Tonarten majores	Tonarten, die im Bereich der weißen Tasten einer Klaviatur eine natürliche große Terz über dem Grundton haben (C, F, G), also Ionisch, Lydisch, Mixolydisch bzw. unser heutiges Dur
Tonarten minores	Tonarten, die im Bereich der weißen Tasten eine natürliche kleine Terz über dem Grundton haben (d, e, a), also Dorisch, Phrygisch, Äolisch bzw. unser heutiges Moll
Trugschluss	Der Standardtrugschluss besteht aus einer regulären zweistimmigen Synkopenklausel und einer irregulären Bassbewegung, die an Stelle des Quintfalls abwärts sekundweise aufwärts führt. Die Terzverdopplung hat ihren Grund einzig und allein darin, dass die Verdopplung der Ultima durch die klauselführenden Stimmen in Verbindung mit der Bassbewegung zur (verdoppelten) Terz wird (und nicht etwa darin, dass nur auf diese Weise fehlerhafte Parallelen vermieden werden könnten)

Ultima	U: Letzter Ton bzw. Schlussnote einer Choralzeile oder Kadenz
Vorbereitung/ Auflösung	Die beiden zentralen Elemente einer Synkopendissonanz: »Vorbereitet« heißt in diesem Zusammenhang, dass der Ton der dissonierenden Stimme (patiens) schon in der Stimme liegen muss, bevor eine andere Stimme (agens) ihn in ein dissonantes Intervallverhältnis setzt. Auch der Begriff »Auflösung« bezieht sich auf die patiens-Stimme, die sich nach dem Erklingen des dissonanten Intervalls stufenweise abwärts auflösen muss (das gilt auch für große Septimen; jegliche Auflösung aufwärts ist historisch gesehen ein Sonderfall, der als »mora« oder »retardatio« bezeichnet wurde)
Wechselnote	Auch »Drehnote« wird eine Bewegung genannt, die von einer Hauptnote eine Sekunde auf- oder abwärts und anschließend wieder zurück zur Ausgangsnote führt. Wechselnoten können dissonant sein, wobei sie in der klassischen Vokalpolyphonie des 16. Jahrhunderts häufiger nach unten als nach oben anzutreffen sind
Weite Lage	Aufteilung der Töne eines Akkordes dergestalt, dass die oberen drei Stimmen nicht in engstmöglicher Lage erklingen

Synopse der Choralausgaben

- linke Zahlenspalte: Nummer der Sammlung »Carl Philipp Emanuel Bach« in: Neue Bach-Ausgabe, Bd. III/2.2
- rechte Zahlenspalte: BWV-Nummer und Nummer in der Richter-Ausgabe

1	Aus meines Herzens Grunde	BWV 269; R 30
2	Ich danke dir, lieber Herre	BWV 347; R 176
3	Ach Gott, vom Himmel sieh darein	BWV 153/3; R 5
4	Es ist das Heil uns kommen her	BWV 86/4; R 86
5	An Wasserflüssen Babylon	BWV 267; R 23
6	Nun lob, mein Seel, den Herren	BWV 17/7; R 270
7	Christus, der ist mein Leben	BWV 281; R 46
8	Freuet euch, ihr Christen alle	BWV 40/8; R 105
9	Ermuntre dich, mein schwacher Geist	BWV 248/12; R 80
10	Aus tiefer Not schrei ich zu dir	BWV 38/6; R 31
11	Jesu, nun sei gepreiset	BWV 41/6 o. Instr.; R 204
12	Puer natus Bethlehem	BWV 65/2
13	Allein zu dir, Herr Jesu Christ	BWV 33/6; R 16
14	O Herre Gott, dein göttlich Wort	BWV 184/5; R 283 in D
15	Christ lag in Todesbanden	BWV 277; R 38
16	Es woll uns Gott genädig sein	BWV 311; R 95
17	Erschienen ist der herrliche Tag	BWV 145/5 in e; R 84 in fis
18	Gottes Sohn ist kommen	BWV 318; R 115
19	Ich hab mein Sach Gott heimgestellt	BWV 351; R 182
20	Ein feste Burg ist unser Gott	BWV 302; R 74
21	Herzlich tut mich verlangen	BWV 153/5; R 160
22	Schmücke dich, o liebe Seele	BWV 180/7 in Es; R 304 in F
23	Zeuch ein zu deinen Toren	BWV 28/6; R 124, s. u. 88
24	Valet will ich dir geben	BWV 415; R 314
25	Wo soll ich fliehen hin	BWV 148/6 in f; R 29 in fis
26	O Ewigkeit, du Donnerwort	BWV 20/7 vel 20/11; R 276
27	Es spricht der Unweisen Mund wohl	BWV 308; R 92
28	Nun komm, der Heiden Heiland	BWV 36(2)/8; R 264
29	Freu dich sehr, o meine Seele	BWV 32/6; R 102
30	Jesus Christus, unser Heiland	BWV 363; R 206
31	Ach lieben Christen, seid getrost	BWV 256; R 385

32	Nun danket alle Gott	BWV 386; R 257
33	Erbarm dich mein, o Herre Gott	BWV 305; R 79
34	Gott des Himmels und der Erden	BWV 248/53
35	Herr, ich habe mißgehandelt	BWV 330; R 137
36	Nun bitten wir den Heiligen Geist	BWV 385; R 254
37	Jesu, der du meine Seele	BWV 352; R 185
38	Straf mich nicht in deinem Zorn	BWV 115/6 in Es; R 312 in G
39	Ach, was soll ich Sünder machen	BWV 259; R 10
40	Ach Gott und Herr	BWV 255; R 3
41	Was mein Gott will, das gscheh allzeit	BWV 65/7; R 346
42	Du Friedefürst, Herr Jesu Christ	BWV 67/7; R 68
43	Liebster Gott, wenn werd ich sterben	BWV 8/6
44	Machs mit mir, Gott, nach deiner Güt	BWV 377; R 237
45	Vom Himmel hoch, da komm ich her	BWV 248/9 o. Instr.
46	Kommt her zu mir, spricht Gottes Sohn	BWV 108/6
47	Vater unser im Himmelreich	BWV 416 o. 245/5 ältere Fass.; R 316
48	Ach wie nichtig, ach wie flüchtig	BWV 26/6; R 11
49	Mit Fried und Freud ich fahr dahin	BWV 382; R 249
50	In allen meinen Taten	BWV 244/37; R 292
51	Wenn mein Stündlein vorhanden ist	BWV 429; R 354
52	Das neugeborne Kindelein	BWV 122/6; R 57
53	Gelobet seist du, Jesu Christ	BWV 91/6; R 109
54	Lobt Gott, ihr Christen allzugleich	BWV 151/5; R 235
55	Christum wir sollen loben schon	BWV 121/6
56	Herzlich lieb hab ich dich, o Herr	BWV 174/5; R 153
57	Wir Christenleut	BWV 110/7; R 380
58	Herzliebster Jesu, was hast du verbrochen	BWV 245/3 jüngere Fass.; R 168
59	Jesu Leiden, Pein und Tod	BWV 159/5; R 194
60	O Traurigkeit, o Herzeleid	BWV 404; R 288
61	Ich freue mich in dir	BWV 133/6; R 181
62	Nun ruhen alle Wälder	BWV 245/11; R 291
63	Freu dich sehr, o meine Seele	BWV 194/6 in G; R 100 in B
64	Was Gott tut, das ist wohlgetan	BWV 144/3; R 338
65	Christ unser Herr zum Jordan kam	BWV 280; R 49
66	Wer nur den lieben Gott läßt walten	BWV 197/10
67	Freu dich sehr, o meine Seele	BWV 39/7 in G; R 104 in B
68	Wenn wir in höchsten Nöten sein	BWV 431; R 358
69	Komm, heiliger Geist, Herre Gott	BWV 226/2 in G; R 221 in B
70	Gott sei gelobet und gebenedeiet	BWV 322; R 119
71	Ich ruf zu dir, Herr Jesu Christ	BWV 177/5 in e; R 183 in g
72	Erhalt uns, Herr, bei deinem Wort	BWV 6/6; R 79
73	Herr Jesu Christ, du höchstes Gut	BWV 334; R 141

74	O Haupt voll Blut und Wunden	BWV 244/54; R 162
75	Das walt mein Gott	BWV 291; R 59
76	Freu dich sehr, o meine Seele	BWV 30/6 in G; R 103 in A
77	In dich hab ich gehoffet, Herr	BWV 248/46; R 214
78	Herzliebster Jesu, was hast du verbrochen	BWV 244/3; R 166
79	Heut triumphieret Gottes Sohn	BWV 342; R 171
80	Christus, der uns selig macht	BWV 245/15; R 49
81	O großer Gott von Macht	BWV 46/6 o. Instr.
82	Jesu Leiden, Pein und Tod	BWV 245/14; R 192
83	Nun bitten wir den Heiligen Geist	BWV 197/5; R 255
84	O Gott, du frommer Gott	BWV 45/7; R 278
85	Wie schön leuchtet der Morgenstern	BWV 36(2)/4; R 377
86	Du, o schönes Weltgebäude	BWV 56/5; R 72
87	O Haupt voll Blut und Wunden	BWV 244/44; R 159
88	Helft mir Gottes Güte preisen	BWV 28/6; R 124
89	O Haupt voll Blut und Wunden	BWV 244/62 in h; R 89 in a
90	Hast du denn, Jesu, dein Angesicht	BWV 57/8; R 231
91	Verleih uns Frieden gnädiglich	BWV 42/7; R 322
92	O Jesu Christ, du höchstes Gut	BWV 168/6; R 143
93	Wach auf mein Herz und singe (=257)	BWV 194/12; R 268
94	Warum betrübst du dich, mein Herz	BWV 47/5; R 333
95	Werde munter, mein Gemüte	BWV 55/5; R 362
96	Jesu, meine Freude	BWV 87/7; R 201
97	Nun bitten wir den Heiligen Geist	BWV 169/7; R 256
98	O Haupt voll Blut und Wunden	BWV 244/15 vel 244/17 in D; R 163
99	Helft mir Gottes Güte preisen	BWV 16/6; R 125
100	Ich ruf zu dir, Herr Jesu Christ	BWV 18/5; R 73
101	Herr Christ, der ein'ge Gottes Sohn	BWV 164/6; R 127
102	Ermuntre dich, mein schwacher Geist	BWV 43/11; R 81
103	Nun ruhen alle Wälder	BWV 13/6; R 295
104	Wer nur den lieben Gott läßt walten	BWV 88/7
105	Herzliebster Jesu, was hast du verbrochen	BWV 244/46; R 167
106	Jesu Leiden, Pein und Tod	BWV 245/28; R 193
107	Herzlich lieb hab ich dich, o Herr	BWV245/40; R 154
108	Valet will ich dir geben	BWV 245/26; R 315
109	Singen wir aus Herzens Grund	BWV 187/7; R 308
110	Vater unser im Himmelreich	BWV 102/7; R 320
111	Herzliebster Jesu, was hast du verbrochen	BWV 245/17; R 169
112	Wer nur den lieben Gott läßt walten	BWV 84/5; R 373
113	Christus, der uns selig macht	BWV 245/37; R 52
114	Von Gott will ich nicht lassen	BWV 419; R 326
115	Was mein Gott will, das gscheh allzeit	BWV 244/25; R 348

116	Nun lob, mein Seel, den Herren	BWV 29/8; R 272
117	Nun ruhen alle Wälder	BWV 244/10; R 294
118	In dich hab ich gehoffet, Herr	BWV 244/32; R 213
119	Christ unser Herr zum Jordan kam	BWV 176/6; R 45
120	Was mein Gott will, das gscheh allzeit	BWV 103/6; R 348
121	Werde munter, mein Gemüte	BWV 244/40; R 361
122	Ist Gott mein Schild und Helfersmann	BWV 85/6; R 216
123	Helft mir Gottes Güte preisen	BWV 183/5; R 126
124	Auf, auf, mein Herz, und du mein ...	BWV 268; R 24
125	Allein Gott in der Höh sei Ehr	BWV 104/6 in G; R 13 in A
126	Durch Adams Fall ist ganz verderbt	BWV 18/5 in a; R 73 in g
127	Dies sind die heilgen zehn Gebot	BWV 298; R 66
128	Alles ist an Gottes Segen	BWV 263; R 19
129	Keinen hat Gott verlassen	BWV 369; R 217
130	Meine Seele erhebt den Herren	BWV 324; R 121
131	Liebster Jesu, wir sind hier	BWV 373; R 228
132	Kyrie, Gott Vater in Ewigkeit	BWV 371; R 225
133	Wir glauben all an einen Gott	BWV 437; R 382
134	Gott der Vater wohn uns bei	BWV 317; R 113
135	Wer Gott vertraut, hat wohl gebaut	BWV 433; R 366
136	Herr Jesu Christ, dich zu uns wend	BWV 332; R 139
137	Du, o schönes Weltgebäude	BWV 301; R 71
138	Jesu, meine Freude	BWV 64/8
139	Warum sollt ich mich denn grämen	BWV 248/33; R 335
140	In allen meinen Taten	BWV 367; R 211
141	Seelenbräutigam	BWV 409; R 306
142	Schwing dich auf zu deinem Gott	BWV 40/6; R 305
143	In dulci jubilo	BWV 368; R 215
144	Wer in dem Schutz des Höchsten ist	BWV 339; R 151
145	Warum betrübst du dich, mein Herz	BWV 420; R 331
146	Wer nur den lieben Gott läßt walten	BWV 434; R 367
147	Wenn ich in Angst und Not	BWV 427; R 352
148	Uns ist ein Kindlein heut geborn	BWV 414; R 313
149	Nicht so traurig, nicht so sehr	BWV 384; R 253
150	Welt ade, ich bin dein müde	BWV 27/6; R 350 (m. Korrektur)
151	Meinen Jesum laß ich nicht, Jesus ...	BWV 379; R 241
152	Meinen Jesum laß ich nicht, weil ...	BWV 154/8; R 244
153	Alle Menschen müssen sterben	BWV 262; R 17
154	Der du bist drei in Einigkeit	BWV 293; R 61
155	Hilf, Herr Jesu, laß gelingen	BWV 344; R 173
156	Ach Gott, wie manches Herzeleid	BWV 3/6; R 8
157	Wo Gott zum Haus nicht gibt sein Gunst	BWV 438; R 388

158	Der Tag, der ist so freudenreich	BWV 294; R 62
159	Als der gütige Gott	BWV 264; R 20
160	Gelobet seist du, Jesu Christ	BWV 64/2; R 108
161	Ihr Gestirn, ihr hohlen Lüfte	BWV 366; R 210
162	Das alte Jahr vergangen ist	BWV 288; R 55
163	Für Freuden laßt uns springen	BWV 313; R 106
164	Du großer Schmerzensmann	BWV 300; R 70
165	O Lamm Gottes, unschuldig	BWV 401; R 285
166	Es stehn vor Gottes Throne	BWV 309; R 93
167	Herr Gott, dich loben alle wir	BWV 326; R 129
168	Heut ist, o Mensch, ein großer Trauertag	BWV 341; R 170
169	Jesu, der du selbsten wohl	BWV 355; R 189
170	Nun komm, der Heiden Heiland	BWV 62/6 in a; R 265 in h
171	Schaut, ihr Sünder	BWV 408; R 303
172	Sei gegrüßet, Jesu gütig	BWV 410; R 307
173	O Herzenangst	BWV 400; R 284
174	Jesus Christus, unser Heiland, der den Tod	BWV 364; R 207
175	Jesus, meine Zuversicht	BWV 365; R 208
176	Erstanden ist der heilige Christ	BWV 306; R 85
177	Ach bleib bei uns, Herr Jesu Christ	BWV 253; R 1
178	Das neugeborne Kindelein	BWV 122/6; R 57
179	Wachet auf, ruft uns die Stimme	BWV 140/7; R 329 (m. Korrektur)
180	Als Jesus Christus in der Nacht	BWV 265; R 21
181	Gott hat das Evangelium	BWV 319; R 116
182	Wär Gott nicht mit uns diese Zeit	BWV 14/5; R 330
183	Nun freut euch, lieben Christen gmein	BWV 388; R 261
184	Christ lag in Todesbanden	BWV 4/8 in d; R 041 in e
185	Nun freut euch, Gottes Kinder all	BWV 387; R 260
186	Ach Gott, erhör mein Seufzen	BWV 254; R 2
187	Komm, Gott Schöpfer, Heiliger Geist	BWV 370; R 218
188	Ich danke dir schon durch deinen Sohn	BWV 349; R 179
189	Herr Jesu Christ, wahr' Mensch und Gott	BWV 336; R 146
190	Herr, nun laß in Friede	BWV 337; R 148
191	Von Gott will ich nicht lassen	BWV 73/5 in a; R 328 in c
192	Gottlob, es geht nunmehr zu Ende	BWV 321; R 118
193	Was bist du doch, o Seele, so betrübt	BWV 193; R 337
194	Liebster Immanuel, Herzog aller Frommen	BWV 123/6; R 229
195	Wie schön leuchtet der Morgenstern	BWV 36(2)/4; R 377
196	Da der Herr Christ zu Tische saß	BWV 285; R 52
197	Christ ist erstanden	BWV 276; R 36
198	Christus, der uns selig macht	BWV 283; R 48
199	Hilf, Gott, daß mirs gelinge	BWV 343; R 172

200	Christus ist erstanden, hat überwunden	BWV 284; R 51
201	O Mensch, bewein dein Sünde groß	BWV 402; R 286
202	O wir armen Sünder	BWV 407; R 301
203	O Mensch, schau Jesum Christum an	BWV 403; R 287
204	Wer weiß, wie nahe mir mein Ende	BWV 166/6; R 372
205	Herr Gott, dich loben wir	BWV 328; R 133
206	So gibst du nun, mein Jesu, gute Nacht	BWV 412; R 310
207	Des Heilgen Geistes reiche Gnad	BWV 207; R 63
208	Als vierzig Tag nach Ostern war	BWV 266; R 22
209	Dir, dir, Jehova, will ich singen	BWV 299; R 67
210	Christe, du Beistand deiner Kreuzgemeinde	BWV 275; R 35
211	Weltlich Ehr und zeitlich Gut	BWV 426; R 351
212	Herr, ich denk an jene Zeit	BWV 329; R 136
213	O wie selig seid ihr doch, ihr Frommen	BWV 405; R 299
214	Mitten wir im Leben sind	BWV 383; R 252
215	Verleih uns Frieden gnädiglich	BWV 126/6 in g; R 321 in a
216	Es ist genug, so nimm, Herr ...	BWV 60/5; R 91
217	Ach Gott, wie manches Herzeleid	BWV 153/9; R 9
218	Laß, o Herr, dein Ohr sich neigen	BWV 372; R 226
219	O wie seid ihr doch, ihr Frommen	BWV 406; R 300
220	Sollt ich meinem Gott nicht singen	BWV 413; R 311
221	Herr, straf mich nicht in deinem Zorn	BWV 338; R 149
222	Nun preiset alle Gottes Barmherzigkeit	BWV 391; R 273
223	Ich dank dir, Gott, für deine Wohltat	BWV 346; R 175
224	Das walt Gott Vater und Gott Sohn	BWV 290; R 58
225	Gott, der du selber bist das Licht	BWV 316; R 112
226	Herr Jesu Christ, du hast bereit'	BWV 333; R 140
227	Lobet den Herren, denn er ist ...	BWV 374; R 232
228	Danket dem Herren	BWV 286; R 53
229	Ich danke dir, o Gott, in deinem Throne	BWV 350; R 180
230	Christ, der du bist der helle Tag	BWV 273; R 33
231	Die Nacht ist kommen	BWV 296; R 64
232	Die Sonn hat sich mit ihrem Glanz	BWV 297; R 65
233	Werde munter, mein Gemüte	BWV 233; BWV 154/3
234	Gott lebet noch	BWV 320; R 117
235	Heilig, heilig	BWV 325; R 123a
236	O Jesu, du mein Bräutigam	BWV 335; R 145
237	Was betrübst du dich, mein Herze	BWV 423; R 336
238	Es wird schier der letzte Tag herkommen	BWV 310; R 94
239	Den Vater dort oben	BWV 292; R 60
240	Nun sich der Tag geendet hat	BWV 396; R 274
241	Was willst du mich, o meine Seele, kränken	BWV 425; R 349
242	Wie bist du, Seele, in mir so gar betrübt	BWV 435; R 374

243	Jesu, du mein liebstes Leben	BWV 356; R 190
244	Jesu, Jesu, du bist mein	BWV 357; R 191
245	Christe, der du bist Tag und Licht	BWV 274; R 34
246	Singt dem Herrn ein neues Lied	BWV 411; R 309
247	Wenn wir in höchsten Nöten sein	BWV 432; R 359
248	Sei Lob und Ehr dem höchsten Gut	BWV 177/4; R 90
249	Allein Gott in der Höh sei Ehr	BWV 260; R 12
250	Ein feste Burg ist unser Gott	BWV 303; R 75
251	Ich bin ja, Herr, in deiner Macht	BWV 345; R 174
252	Jesu, nun sei gepreiset	BWV 362; R 203
253	Ach Gott, vom Himmel sieh darein	BWV 77/6; R 6
254	Weg, mein Herz, mit den Gedanken	BWV 25/6; R 101
255	Was frag ich nach der Welt	BWV 64/4; R 280
256	Jesu, deine tiefen Wunden	BWV 194/6; R 100
257	Nun laßt uns Gott den Herren	BWV 194/12; R 268
258	Mein Augen schließ ich jetzt	BWV 378; R 240
259	Verleih uns Frieden gnädiglich	BWV 42/7; R 322
260	Es ist gewißlich an der Zeit	BWV 260; R 262
261	Christ lag in Todesbanden	BWV 158/4 vel 279; R 39
262	Ach Gott, vom Himmel sieh darein	BWV 2/6; R 7
263	Jesu, meine Freude	BWV 227/1 vel 227/11; R 196
264	Jesu, meines Herzens Freud	BWV 361; R 202
265	Was mein Gott will, das gscheh allzeit	BWV 144/6; R 342
266	Herr Jesu Christ, du höchstes Gut	BWV 48/7; R 144
267	Vater unser im Himmelreich	BWV 90/5; R 319
268	Nun lob, mein Seel, den Herren	BWV 389; R 269
269	Jesu, der du meine Seele	BWV 353; R 186
270	Befiehl du deine Wege	BWV 161/6; R 161
271	Gib dich zufrieden und sei stille	BWV 315; R 111
272	Ich danke dir, lieber Herre	BWV 348; R 177
273	Ein feste Burg ist unser Gott	BWV 80/8; R 76
274	O Ewigkeit, du Donnerwort	BWV 397; R 275
275	O Welt, sieh hier dein Leben	BWV 393; R 289
276	Lobt Gott, ihr Christen allzugleich	BWV 375; R 233
277	Herzlich lieb hab ich dich, o Herr	BWV 340; R 152
278	Wie schön leuchtet der Morgenstern	BWV 436; R 375
279	Ach Gott und Herr	BWV 48/3; R 4
280	Eins ist not!, ach Herr, dies Eine	BWV 304; R 77
281	Wo soll ich fliehen hin	BWV 89/6; R 26
282	Freu dich sehr, o meine Seele	BWV 25/6; R 101
283	Jesu, meine Freude	BWV 227/7; R 199
283bis	Herr Jesu Christ, wahr' Mensch und Gott	BWV 127/5; R 147
284	Wär Gott nicht mit uns diese Zeit	BWV 257; R 388

285	Befiehl du deine Wege	BWV 270; R 157
286	Herr, ich habe mißgehandelt	BWV 331; R 138
287	Gelobet seist du, Jesu Christ	BWV 314; R 107
288	Nun ruhen alle Wälder	BWV 392; R 298
289	Es ist das Heil uns kommen her	BWV 9/7; R 87
290	Was frag ich nach der Welt	BWV 94/8; R 281
291	Nimm von uns, Herr, du treuer Gott	BWV 101/7; R 318
292	Was Gott tut, das ist wohlgetan	BWV 69a/6 in G; R 340 in B
293	Herr Jesu Christ, du höchstes Gut	BWV 113/8; R 142
294	Herr Jesu Christ, mein's Lebens Licht	BWV 335; R 145
295	Nun lob, mein Seel, den Herren	BWV 390; R 270
296	Jesu, der du meine Seele	BWV 78/7; R 188
297	Weg, mein Herz, mit den Gedanken	BWV 19/7; R 99
298	Meinen Jesum laß ich nicht, weil …	BWV 380; R 242
299	Warum betrübst du dich, mein Herz	BWV 421; R 332
300	Ach lieben Christen, seid getrost	BWV 144/7; R 386
301	Hilf, Gott, daß mirs gelinge	BWV 343; R 172
302	Herr Christ, der ein'ge Gottes Sohn	BWV 96/6; R 128
303	Auf meinen lieben Gott	BWV 5/7; R 28
304	Wie schön leuchtet der Morgenstern	BWV 36(2)/4; R 377
305	O Mensch, bewein dein Sünde groß	BWV 402; R 286
306	Christus, der uns selig macht	BWV 283; R 48
307	Ach Gott, wie manches Herzeleid	BWV 3/6; R 8
308	Ein Lämmlein geht und trägt die Schuld	BWV 267 in As; R 23 in G
309	Machs mit mir, Gott, nach deiner Güt	BWV 245/22; R 238
310	Dank sei Gott in der Höhe	BWV 287; R 54
311	O Gott, du frommer Gott	BWV 197a/7 vel 398; R 277
312	Allein Gott in der Höh sei Ehr	BWV 112/5 o. Instr.; R 14
313	Das alte Jahr vergangen ist	BWV 289; R 56
314	O Gott, du frommer Gott	BWV 399; R 282
315	Christus, der ist mein Leben	BWV 282 vel 95/7; R 47
316	Herr, wie du willst, so schicks mit mir	BWV 156/6; R 150
317	Herr, wie du willst, so schicks mit mir	BWV 339; R 151
318	Sanctus, Sanctus Dominus Deus Sabaoth	BWV 325; R 123b
319	Gott sei uns gnädig und barmherzig	BWV 323; R 120
320	Wir Christenleut	BWV 40/3; R 379
321	Wenn mein Stündlein vorhanden ist	BWV 428; R 353
322	Wie schön leuchtet der Morgenstern	BWV 172/6 o. Instr.; R 376
323	Jesu meine Freude	BWV 81/7; R 197
324	Mit Fried und Freud ich fahr dahin	BWV 83/5; R 250
325	Allein Gott in der Höh sei Ehr	BWV 104/6; R 13
326	Jesu, nun sei gepreiset	BWV 190/7; R 205
327	Liebster Jesu, wir sind hier	BWV 373; R 228

328	Sei Lob und Ehr dem höchsten Gut	BWV 251 o. Instr.; R 89
329	Nun danket alle Gott	BWV 252 o. Instr.; R 258
330	Wo soll ich fliehen hin	BWV 136/6 o. Instr.; R 27
331	Von Gott will ich nicht lassen	BWV 418; R 325
332	Es woll uns Gott genädig sein	BWV 69/6 o. Instr.; R 97
333	Für deinen Thron tret ich hiermit	BWV 327; R 132
334	Es ist das Heil uns kommen her	BWV 155/5; R 88
335	Wo Gott der Herr nicht bei uns hält	BWV 258; R 383
336	O Gott, du frommer Gott	BWV 24/6 o. Instr.
337	Jesus, meine Zuversicht	BWV 145/a; R 209
338	Wer nur den lieben Gott läßt walten	BWV 179/6; R 371
339	Befiel du deine Wege	BWV 272; R 32
340	Ich dank dir, lieber Herre	BWV 37/6; R 178
341	Lobt Gott, ihr Christen allzugleich	BWV 376; R 234
342	Nun liegt alles unter dir	BWV 11/6; R 82
343	Vom Himmel hoch, da komm ich her	BWV 248/23 o. Instr.
344	O Haupt voll Blut und Wunden	BWV 248/5; R 165
345	Meines Lebens letzte Zeit	BWV 381; R 248
346	Was Gott tut, das ist wohlgetan	BWV 250 o. Instr.; R 339
347	Meinen Jesum laß ich nicht, weil ...	BWV 70/11 o. Instr.; R 243
348	Ich hab in Gottes Herz und Sinn	BWV 103/6; R 348
349	Jesu, meiner Seelen Wonne	BWV 360; R 364
350	Wenn mein Stündlein vorhanden ist	BWV 430; R 355
351	Es woll uns Gott genädig sein	BWV 312; R 96
352	Der Herr ist mein getreuer Hirt	BWV 112/5; R 14
353	Sei Lob und Ehr dem höchsten Gut	BWV 117/4; R 90
354	Nun ruhen alle Wälder	BWV 44/7; R 296
355	Jesu, meine Freude	BWV 358; R 195
356	Warum sollt ich mich denn grämen	BWV 422; R 334
357	Meine Seel erhebt den Herren	BWV 10/7; R 122
358	Allein zu dir, Herr Jesu Christ	BWV 261; R 15
359	Wir Christenleut	BWV 248/35; R 381
360	Du Lebensfürst, Herr Jesu Christ	BWV 248/12; R 80
361	Es ist gewißlich an der Zeit	BWV 248/59; R 263
362	O Welt, sieh hier dein Leben	BWV 395; R 291
363	Von Gott will ich nicht lassen	BWV 417; R 324
364	Jesu, meiner Seelen Wonne	BWV 359; R 365
365	O Welt, sieh hier dein Leben	BWV 394; R 290
366	Befiel du deine Wege	BWV 271; R 157
367	Hilf, Herr Jesu, laß gelingen	BWV 367/42 o. Instr.
368	Jesu, der du meine Seele	BWV 354; R 187
369	Kommt her zu mir, spricht Gottes Sohn	BWV 74/8; R 223
370	Christ lag in Todesbanden	BWV 278; R 39

Literatur

Boyd, Malcolm: Chorale harmonization and instrumental counterpoint, 1967, London
²1999

Breig, Werner: Grundzüge einer Geschichte von Bachs vierstimmigem Choralsatz, in:
Archiv für Musikwissenschaft 45 (1988), S. 165–185 und 300–319

Breig, Werner: Der Schlußchoral von Bachs Kantate »Ein feste Burg ist unser Gott«
(BWV 80) und seine Vorgeschichte, in: Martin Just und Reinhard Wiesend (Hrsg.):
Liedstudien. Wolfgang Osthoff zum 60. Geburtstag, Tutzing 1989, S. 171–184

Daniel, Thomas: Der Choralsatz bei Bach und seinen Zeitgenossen, Köln-Rheinkassel
2000

Doppelbauer, Josef Friedrich: Der Choralsatz. Lehrbuch des Tonsatzes vom einfachen
Kantionalsatz bis zum Satz der Romantik, Altötting 1979

Heimann, Walter: Der Generalbaß-Satz und seine Rolle in Bachs Choral-Satz, München
1973 (Freiburger Schriften zur Musikwissenschaft, 5)

Knipphals, Hans Jürgen und Möller, Dirk: Johann Sebastian Bach – Der Choralsatz,
Wolfenbüttel 1995

Kühn, Clemens: Der Bach-Choral. Ein Weg zu seiner Unterweisung, in: Festschrift
Hans Peter Schmitz zum 75. Geburtstag (hrsg. von Andreas Eichhorn), Kassel
1992, S. 135–150

Küster, Konrad: Die Vokalmusik, in: Bach-Handbuch, hrsg. von Konrad Küster, S. 95 bis
530, Kassel 1999; darin besonders der Abschnitt »Choräle und Lieder« S. 528–530

Marshall, Robert L.: How J. S. Bach composed four-part chorales, in: Musical Quarterly,
1970, S. 200–211

Poos, Heinrich: Johann Sebastian Bach. Der Choralsatz als musikalisches Kunstwerk,
in: Musik-Konzepte, hrsg. von Heinz-Klaus Metzger und Rainer Riehn, Heft 87,
München 1995

Schmoll-Barthel, Jutta: Überlegungen zu Bachs Choralsatz, in: Beiträge zur Bach-For-
schung 9/10 (1991), S. 285–292

Schulze, Hans-Joachim: »150 Stück von den Bachischen Erben«. Zur Überlieferung
der vierstimmigen Choräle Johann Sebastian Bachs, in: Bach-Jahrbuch 69 (1983),
S. 81–100

Seidel, Elmar: Johann Sebastian Bachs Choralbearbeitungen in ihren Beziehungen
zum Kantionalsatz, Mainz 1998 (Neue Studien zur Musikwissenschaft, 6)

Wolf, Erich: Der vierstimmige homophone Satz. Die stilistischen Merkmale des Kantionalsatzes, Wiesbaden 1965

Wollny, Peter: Stichwort »Choralbearbeitung«, in: Die Musik in Geschichte und Gegenwart, hrsg. von Ludwig Finscher, Sachteil, Bd. 2, Kassel, Stuttgart u. a. [2]1995, Spalte 827–841

Weiterführende Literaturangaben finden sich in:

Daniel: S. 388–391
Küster: S. 531–534
Poos: S.104–112
Wollny: Spalte 847–848

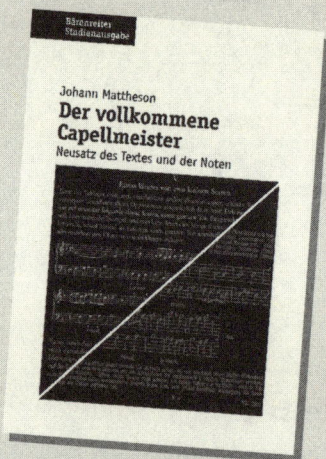